U0933521

珍藏本

纪念版

汉译世界学术名著丛书

# 普通法的精神

〔英〕波洛克 著

杜苏 译

商务印书馆
SINCE 1897 The Commercial Press

2017年·北京

Frederick Pollock
THE GENIUS OF THE COMMON LAW
New York
The Columbia University Press, 1912
根据纽约哥伦比亚大学出版社 1912 年版译出

# 汉译世界学术名著丛书
# （120年纪念版·珍藏本）
# 出 版 说 明

2017年2月11日，商务印书馆迎来120岁的生日。120年前，商务印书馆前贤怀揣文化救国的理想，抱持“昌明教育，开启民智”的使命，立足本土，放眼寰宇，以出版为津梁，沟通中西，为中国、为世界提供最富智慧的思想文化成果。无论世事白云苍狗，潮流左右激荡，甚至战火硝烟弥漫，始终践行学术报国之志，无改初心。

逐译世界各国学术名著，即其一端。早在20世纪初年便出版《原富》《天演论》等影响至今的代表性著作，1950年代后更致力于外国哲学和社会科学经典的译介，及至1980年代，辑为“汉译世界学术名著丛书”，汇涓为流，蔚为大观。丛书自1981年开始出版，历时三十余年，迄今已推出七百种，是我国现代出版史上规模最大、最为重要的学术翻译工程。

丛书所选之书，立场观点不囿于一派，学科领域不限于一门，皆为文明开启以来，各时代、各国家、各民族的思想与文化精粹，代表着人类已经到达过的精神境界。丛书系统译介世界学术经典，引领时代思想，为本土原创学术的发展提供丰富的文化滋养，为推动中国现代学术和现代化进程做出了突出的贡献。

为纪念商务印书馆成立120周年，我们整体推出“汉译世界学术名著丛书”120年纪念版的珍藏本，寄望既利于文化积累，又便于研读查考，同时向长期支持丛书出版的译者、编者和读者致以敬意。

两甲子后的今天，商务印书馆又站在了一个新的历史时间节点上。我们不仅要铭记先辈的身影和足迹，更须让我们的步伐充满新的时代精神。这是商务人代代相传的事业，更是与国家和民族的命运始终紧密相连的事业。我们责无旁贷，必须做好我们这代人的传承与创造，让我们的努力和成果不仅凝聚成民族文化的记忆，还能成为后来人可以接续的事业。唯此，才能不负前贤，无愧来者。

商务印书馆编辑部

2017年10月

# 序　　言

卡平迪耶讲坛[①]邀我来此的目的，不是去编制一本专业教科书，因此，我在这里没有必要去对那些权威观点大加引用。我所引证的只是历史上发生过的一些例子，这些例子在最近出版的著作当中都可以查到，它们有的已为我们所熟知，有的则略显冷僻。我偶尔还会列举几个重要案例，这样做是为了让那些有一定基础的读者理解起来更方便。对这类读者来说，书中的某些内容可能还难以理解，但我绝不会将这样的那样的内容称之为法律。上述内容很容易被查证，此外，书中还有一些对历史资料的评注，要查证它们也很简单。

——弗雷德里克·波洛克



① 卡平迪耶讲坛(Carpentier Lectures)：哥伦比亚大学在1902年创建的一个讲坛，常年邀请世界各地专家前往讲学，内容以法学和自然科学居多。该讲坛以霍勒斯·卡平迪耶(Horace W. Carpentier)的名字命名，他是哥伦比亚大学1846级毕业生，实业家，后任该大学校董。本书以波洛克1911年在卡平迪耶讲坛讲学时的底稿汇编而成。——译者

# 目　　录

# 第一章　女神和她的骑士们

七年多以前我就收到邀请，让我以普通法为题来此作一次演 1
讲。不久前，当邀请再次到来，我感到更加荣幸，于是就不假思索，欣然接受了。我来此是为了年轻人，而不是为了那些名人——当然这不包括大学里的那些名人，是这样吗？名人是一种什么人呢？他们很快就要被称为老人了，这不可避免，事实上他们也的确是老了。到了这个年纪，他的话越来越多，喜欢时不时地提醒别人一下；到了这个年纪，他可以谈谈理论，谈谈他对生活的见解，他所说的一切是好是坏，这时候差不多已经有了定论。到了这个年纪，你不能再指望他提出什么有价值的新观点、新理论了。他顶多只能去希望，希望当新事物被年轻人创造出来的时候，自己还具备一定的接受能力；希望能从自己现在和过去的知识积累中找出点什么，帮助年轻人，让他们在自己的路上走下去；希望能将自己观察和思考的结果整理出来，不是为了发号施令，而是为了让这些东西能够在年轻学子那里派上点用场；希望能让那些对法律科学深信不疑的人们了解到一点，那就是：与法律信仰相伴的，不仅仅有智力的巧思，更有我们对人类和民族历史的理解，其中后两者必不可缺。

当我谈及“人类”时，我所指的并不限于这个词的字面意思。我想划出一条界线，这条界限就是一个人能力的极限；过去的律师

2 们总是装腔作势，一说起他们出身的那个体系，无论是普通法还是其他什么法，立刻就将其描述为一个完美的、非人的怪物。在本次演讲当中，我将始终对这种论调进行批判，这也是本次演讲的主要目的之一。

法律专业以外的人们总是对法律充满了失望和迷惘，正如希拉里法官①所说，早在14世纪，人们就经常开玩笑，说法律其实就是法官的意志；对这样的玩笑，我们早有准备："不：法律是理性（No: law is reason）"*，这是斯通诺尔法官②的名言，他是希拉里的同事。我们可以把"理性"看作是我们这个时代最伟大的发现。但把法律看作是理性的完美典型——这样一种教条式的判断其实在晚些时候才开始出现，当时，法律技术知识已被那些伪学问所腐蚀，人们对古代文化的尊崇已经退化为迷信。

就在此时，我们开始效忠于我们的普通法女神，我们的生命来自于她，我们是她在尘世间的崇拜者。这位女神有着和人类的一样判断力，一样的同情心，这正是我们崇拜她的原因。她可不是贤淑的圣母玛利亚，端坐于玫瑰园中；要说像，她倒是很像佛罗伦萨

---

① 希拉里法官（Mr. Justice Hillary）：这里指的应当是罗格·希拉里（Sir Roger Hillary，?—1356），曾任爱尔兰皇家民事法院首席大法官（Chief Justice of the Irish Court of Common Pleas），后改任英格兰皇家民事法院大法官（Justice of the Common Pleas）。——译者

* "否则我们所拥有的就不是法律了"（R. Thorpe (arg.) ... autrement nous ne savoms ceo qe la ley est），引自希拉里（HILL.）：法律是"正义的意志"（Volunte des Justices）——斯通诺尔："法律是理性"（ley est resoun），见《年鉴》（Y. B）18—19编（公元1345年），派克编（Rolls series 1905年版），第378页。——作者

② 斯通诺尔法官（judge Stonore）：全名约翰·德·斯通诺尔（John de Stonore，1280—1354），也曾在英格兰皇家民事法院任法官，与希拉里是同事。——译者

名画——《刚毅》[①]当中的那个女人：身怀六甲，却全副武装，稳稳地握着手中的钢鞭，仿佛随时准备一跃而起，奋身而战。她也不像是命运三女神[②]——冷漠，例行公事。她的灵魂建立在一种秩序之上，而这种秩序的历史比众神还要久远。争斗带来的愉悦对她来说并不陌生，人类大众的秉性她也心知肚明。她属于荷马式的那种神明，比人类更强大，但和人类一样充满热情，会犯错误。她像赫拉（Hera）一样容易嫉妒，像阿耳忒弥斯（Artemis）一样残忍，像雅典娜（Athena）一样狡诈，她偶尔还会取笑她的仆人们。我要将她的面目大白于天下，顶多只允许她像伊丽莎白女王那样，稍加躲闪——贝尔福德大法官[③]对这类问题有过一些非正式的言论， 3
而梅特兰可能不太愿意将这些言论翻译出来。

对虚荣和炫耀，我们的女神从不放弃。相反，在某些不太方便行事的地方，她喜欢设置各种仪式和符号，而且有时做得还比较过

① 《刚毅》（*Fortitude*）：意大利名画，出自著名画家桑德罗·波提切利（Sandro Botticelli）之手。画中主人公为一怀孕女子，身披战袍重甲，手握武器。1470 年，波提切利受命为佛罗伦萨商会法庭创作一组装饰画，共分七幅，分别代表了三种基督教价值——信仰（Faith）、希望（Hope）、仁爱（Charity），以及四种世俗价值——节制（Temperance）、审慎（Prudence）、刚毅（Fortitude）、正义（Justice）。此画画名由此而来。——译者

② 命运三女神（Fates）：希腊神话当中的女神，负责纺织人类的命运之线：克罗托（Clotho）织出生命之线，拉克西斯（Lachesis）决定生命之线的长度，阿特洛波斯（Atropos）负责将生命之线切断。三人各司其职，对个人的生命和命运完全漠然。——译者

③ 贝尔福德大法官（Chief Justice Bereford）：威廉·贝尔福德（William Bereford，? —1326）：爱德华一世、爱德华二世时期的著名法官，在 14 世纪初长期担任英格兰皇家民事法院首席大法官（Chief Justice of the Common Pleas），坚定的保王党人，在爱德华二世与贵族集团的历次争斗中一直站在国王一边。后文中提到贝尔福德“有过一些非正式的言论，而梅特兰可能不愿意将这些言论翻译出来”，这些言论的具体内容译者未能查实。——译者

火。她的解读者们对这些庄重的仪式充满深情，无法忘怀，就像利特尔顿说的那样："对一个诚实的封臣（tenant）来说，臣服礼（homage）是他对主人最为光荣的侍奉，是他对主人最为谦逊的尊崇。"[①]但仪式也不用总是搞得这么庄重。我们的女神既然登上了王位，就一定要有所作为。

就像中世纪的书记员一样，她可以写出一些富有教育意义的故事，一些诚实中肯的评论，也会在页边空白处画出一些稀奇古怪的插图。我也知道在那些优秀的英国律师眼里，中世纪除了野蛮愚昧之外一无所有。我怀疑那时候的律师……也不能说他们疯了，但是多多少少地，他们都被敌人弄得有点鬼迷心窍。这里所说的敌人不是中世纪传说里的恶魔——头上长犄角，手上长爪子；但他们比恶魔还要危险，那是一种诱惑：优雅、学者气质，这股风气随着罗马文化的复兴而逐渐升腾。当然，诚如梅特兰所说，律师公会造出了一堆既老旧又固执的法律，在这些法律面前，罗马式的风雅碰得鼻青脸肿。但他们并没有被消灭掉，此后，我们的普通法女神还会与之发生冲突，其中的某些冲突还相当激烈。

现在，我们将走进本次演讲的主体部分，走进普通法女神的历险传奇：各式各样的威胁，从古到今，险象环生，我们女神的英雄气概无人匹敌；各式各样的例子，经验教训，纷繁复杂，一切都充满了戏剧性；既有成功，也有失败，比起朝圣者和游侠骑士，我们女神的类似经历毫不逊色，其中一些故事可能还非常浪漫，这会让我们感

---

① 利特尔顿（Thomas de Littleton，1407—1481）：英国著名法官，法学家。著有《利特尔顿论英国的保有制》（*Littleton's Tenures in English*），波洛克在这里所引用的就是该书第一章开篇的第一句话。——译者

到惊奇。她面对着各式各样的敌人，各式各样的武器；无论是“绝望巨人”的山楂树大棒，还是“亚玻伦”的带火飞镖，和班扬的克里斯蒂安一样，她对这些东西都了然于心[①]。

也许有人会担心，如果我们对普通法女神过于好奇，这种好奇 4
是否有可能发展到渎神的程度，人们可能会怀疑：这位女神是否就是一个普通的凡人？假如我们没能证明她的存在（对陪审团里的那些门外汉来说，要证明这一点几乎是不可能的），那我们就发发慈悲，权且把她当成是一个类似于“法律人格”（persona ficta）之类的概念吧；如果还不行，我们就干脆当她是一个单独的团体，由一堆没用的破烂拼凑而成。还是暂且收敛一下我们的浪漫情怀吧，到了这个份上，单纯的浪漫已无法再让我们更进一步了，惯常的抽象思维和严肃论述或许更加稳妥。

每当我们去审视一个群体，只要它有名称，有组织机构，任何一个群体——国家、教会、行业工会、军队、学院、学术机构，哪怕是一个俱乐部，当它有了足够长的历史，当这段历史绵延了两代人甚至更长的时间，我们会发现，这种事物的性质已经很难再用个人品质去类比了；这时候我们所能指望的只有人类的能力、习惯和天性。这种群体的声誉不仅仅来自于其身份、金钱或者工作效率，更

① 这里说的“班扬”（Bunyan）指的是约翰·班扬（John Bunyan，1628—1688），英国文学家，他于1678年出版的寓言故事《天路历程》（*The Pilgrim's Progress*）在英美可谓家喻户晓。克里斯蒂安（Christian）是此书的主人公，亚玻伦（Apollyon）和绝望巨人（Giant Despair）都是克里斯蒂安在朝圣途中遇到的妖怪。亚玻伦可以变身为一头怪兽，向对手投掷带火的飞镖；绝望巨人使用的则是一根山楂树大棒。波洛克用这些东西来比喻普通法的敌人所可能使用的手段。——译者

来自于它们的格调与秉性。当你面对它们的时候，你会觉得它们或聪明，或愚蠢，或友善，或讨厌。一个社团单位（corporate unit）（这里所说的并不是这个概念在法律上的严格含义），它的品质可以通过两条途径得以展示：其一是其成员的个人特质，其二是整个团体共同的习惯与传统，相比于前者，后者所展示出来的形象更为鲜明，也更为持久。

我们别无选择，我们只能去研究这个共同体（commonwealth），研究社会的历史——共同体由聚集起来的人类原子相互协调而成；而历史不过是无数意外情况前后连缀的结果。

某些政治科学和法律科学的研究者，他们将考察领域限制在一个特定的历史阶段当中，假设这个阶段永不变化（这样的假设当
5 然是错误的），然后就据此拿出了一个分析结果——武断而苍白，这样的研究仅此而已。而现在，我们做的事情就好比是一个业余的矿物搜集者，对地质结构一无所知，单凭着臆想出来的顺序就将找到的标本排列整理，然后束之高阁。我承认，那些标本当中的确蕴藏着很多趣味，对此我也非常着迷。但请注意，围绕这些趣味，我也做了相当多的严肃讨论。想想吧，如果历史就是文件和掌故的“标本陈列室”（hortus siccus），那我何必还在这儿饶舌呢？你们何必跑来听我演讲呢？因此，如果想要听懂这次演讲，大家又必须承认这样一个假设：历史当中的确存在着一种真实的延续性。而对我们的法律而言，这种延续性又会发展成为另一个假设：不仅仅是人，制度和学说也有它们的生命历程。

人类的伦理道德在不断地发展变化，当然，我们不能去假设这种变化的方向总是相同的，或者总是好的，但对这种变化带来的影响，我们终究无法忽略。事实必定会反映出一个精神统一体(spiritual unity)的存在，无论我们对其界定与否。

在学校里，老师教导我们：下定义的时候一定要小心。因此，就像那些审慎的律师一样，我们仅仅使用一个象征性的符号来表达我们所要表达的东西，这就够了。我想起了古罗马的那种精灵(Genius)，那再贴切不过了，他就是这样一个象征性的人格，我们并没有将他完全看作是一个异教的守护天使，因为他既不是一个优雅的牧师，也不是一个劝人向善者，他的作为也并非总那么正派。他的身上，浓缩了命运当中的一切元素，高高在上，隐介藏形，却又始终伴随在我们的身旁，与其说他是我们的主人或者顾问，不如说："他是伴随我们的神灵，他统治着我们的生命之星"[1]。



我们可以将他看作是一幅肖像画，画中有一个人，这个人已经达到了他的最高工作效率，这时，他的工作成果被这幅画作清晰地展现了出来。但这个人毕竟还是这个人，他的品质、能力一如往常，不会因为被画进了画里就有什么额外的增长。

某些人喜欢将历史泛泛地说成是一种僵硬的宿命。像说书人一样，这些人毫无诚意，一遇到不符合自己逻辑的内容就避而不谈，对这样一种错误的观念，我们的精灵也会坚决反对。想想吧， 6
按照这样的观念，历史当中的一切都是不可避免的(时候到了，事情就发生，世间的一切不过就是一连串的时间点)，历史成了纯粹的逻辑推理，而只要我们掌握了这种逻辑的钥匙，我们就可以顺着

① "那是伴随我们的神灵，他统治着我们的生命之星"(natale comes qui temperat astrum)：语出古罗马诗人贺拉斯(英文名 Horace，拉丁名 Quintus Horatius Flaccus，公元前 65—前 8)所作《书信》(*Espitulae*)，第二辑。——译者

某种预先注定的理念一路推导下去。但事实果真如此吗？如果那些超人类的智灵能够构想出一套人类行为的微积分学，那么他们必须首先具备计算人类的能力。经验告诉我们，他们做不到这一点，无论他们有多么能干。人类无法被计算——这是一个关键命题，在绝大多数微积分的驻点(critical point)上，情况都是如此。习惯好比是通衢大道，而人们的个性则让这条大道生出了无数枝杈——这没什么玄学好讲。

有一点是肯定的，导致人类行为的动因不可能完全位于人类意识之外——哪怕是宿命论的支持者们也不会这样认为；如果某人对未来行为的可能性作出了判断，而这一判断就是未来相应行为的动因，那么，这个判断者过去的个性和习惯一定会在未来的行动中起到相当重要的作用——对此，自由意志(free will)支持者们也不会反对。

所有伟大的道德家们一致认为，完美的自由应当属于这样的人(如果这种人真的存在)：首先，他的意志已经完全纯净，只有正当的事情才能使其感到愉悦；第二，在这种意志的支配下，他能够去做自己喜欢做的事情。这样的一种人，如同但丁在经过炼狱时所说：在俗世当中，他将成为自己的国王；在宗教当中，他将因自己内心的上帝而走向神圣。他已超越了一切的特定规则，因为从性质上讲，他的意志已经完全被正义所充斥。任何人，如果对正义有和他同等的见识，同时又能知道实际情况，就可以预先判断出他的行为所在——而这时，他依然是自由的，没人可以否认。在我们所要研究的范围之上，存在着一个很高层次的哲学问题；在这样的问题上，我们不想胡说八道，也不想受到什么指责，正因为如此，我们

在前面才做了那么多的说明。在下面的内容当中，我们将走进真实的历史，在那里，我们再也不会触碰到哲学当中的完美理念了，7
好运气到此为止。

我想将本次演讲的主题定为："普通法的精灵"（Genius of the Common Law），至于原因和背景，我在前面已经做了说明。

出于某些考虑，我不打算在此做一次编年史式的论述。对普通法的历史做一次简述，这个主意很好；我也不止一次地思考过这样做的可能性；但是安排给我的演讲时间只有八次、十次或十二次，而如果要做一次纯粹的历史梳理，就必须要进行大量的史料研究和筛选。我的朋友，牛津的霍尔兹沃思博士[①]曾经用三卷大部头将我们带回到了16世纪——非常扎实，但读起来却不那么方便。那么，能否将这些故事写得简短一点，同时又不乏稳妥呢？霍尔兹沃思或者其他什么人能做到这点吗？对此，我也不太清楚。我所清楚的只有两点：第一，这样的文章一写起来就会越写越长，远远超出作者最初的设想；第二，现在给我的时间却只有那么一点点。在这种情况下，我还得要照顾到我们法律和司法传统当中的那些基本组成要素，不能让听众忽略了它们的存在。

在此，我只能假设，这儿存在着一片区域，一条道路，这是我们父辈的朝圣之路，他们在路上经历了几次关键的冒险，而我们将对这几次冒险细加观察；我们会看到他们在不同时候遭遇到的不同命运，看到他们的成功，他们的失败，我们将从他们的经历当中获取教益。

---

① 霍尔兹沃思（William Searle Holdsworth，1871—1944）：英国法律史专家，剑桥大学教授，花费毕生精力编写了巨著《英国法律史》（*History of English Law*），总长达十七卷，在波洛克演讲的时候，刚刚出到第三卷。——译者

故事还要从头说起。我们的现代法庭系统，其源头有二：其一是上世纪末前后出现的议会决议和法规，它们是为了解决最实际的问题而制定的；其二就是剩下的部分，它们是博古研究的结果。
8 有人会说，只有英格兰的法庭系统是这样，但我估计，美国的情况可能也差不多，因为类似的说法在美国也时常可闻，只是附带的理由更为多姿多彩。我知道，上面的这些话可能让博学的朋友们想起了那场界限之争：一方面，古老的地产法引发了错综复杂的问题；另一方面，人们对最初的殖民地特许证（the original colonial charters）[①]又作出了各种各样的解释——这两套法源的界限究竟何在，两者如何分工，这个问题在各州之间引发了一场争论。但现在我们所要讨论的，并不是当代法官所操作的那些特殊规则，而是普通法所固有的秉性和思维方式。

普通法的确产生了很多分支，但这些分支来自于同一个源头——它们可以上溯到遥远的古代，上溯到日耳曼部落的习俗。这时候，这些部落正在抗击罗马军团的进攻，而此时的大不列颠岛，半是罗马行省，半是凯尔特人的领地[②]。

塔西佗在《日耳曼尼亚志》当中的那段描写后来成为历代学界

---

① 殖民地特许证（colonial charter）：又称“殖民地宪章”从17世纪开始，英王将北美殖民地的土地授予某些个人或公司，而最初的“殖民地宪章”就是英国政府授予这些公司的特许权凭证。后来，各殖民地逐渐发展成熟，英国政府又向这些地区颁发了新的“殖民地宪章”，授予该地区居民以自治权。因此，这时的“殖民地宪章”被看作是独立前北美各殖民地的宪法性文件之一。——译者

② 公元1世纪，罗马人占领不列颠岛南部，但始终未能占领全岛，公元122年，哈德良皇帝在不列颠岛中部修筑了著名的“哈德良长城”，从此不列颠岛被一分两半，南为罗马行省，北为土著居民凯尔特人的领地。——译者

研究的核心史料，但这段描写非常随意[*]，既不充分，也不清晰；但他还是将条顿式的习俗粗略地描绘了出来，我们对此也应该略作考察。有人说，塔西佗的描写带着一种意图，那就是要在罗马帝国社会的对立面树立起一个夸张的形象。其实我们大可不必在这类问题上迁延日久，反正塔西佗的著作也不是完全瞎编的，我们只需要将注意力集中在这样一个样本上——“条顿式的理想体制”（the ideal of the Teutonic system），这是斯塔布斯[1]的原话，这个样本与个案无关。

比起现代社会，那样的一些部落或者氏族非常稳定，其变化几乎可以忽略不计，这一点很容易理解。塔西佗笔下的日耳曼人过着一种非常公共化的生活，只有在作战时才会有人发号施令，他们的决策过程和现代社会也不一样：没有最初的磋商，也没有权威的执行者——自由人武装起来，集合起来，一切事情就在他们手中解决了。家庭是一夫一妻制的，道德规范也非常简单，但其贯彻却非常严厉[**]，当然这是相对于希腊或罗马社会而言。怯懦和柔弱在

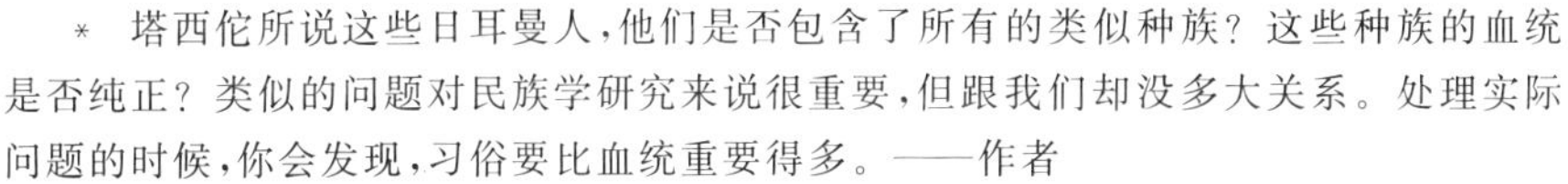

[*] 塔西佗所说这些日耳曼人，他们是否包含了所有的类似种族？这些种族的血统是否纯正？类似的问题对民族学研究来说很重要，但跟我们却没多大关系。处理实际问题的时候，你会发现，习俗要比血统重要得多。——作者

① 斯塔布斯（William Stubbs，1825—1901）：英国教士、历史学家，著有《英国宪政史选集及其他分析》（*Select charters and other illustrations of English constitutional history*），波洛克所引的这段话出自1895年版，第554页。——译者

[**] “我们很容易就可以发现，塔西佗非常乐于将野蛮人的美德与罗马妇女的淫乱堕落作对比，他很诚实地表达了自己的立场，并且还自得其乐。在某些极端情况下，他甚至会将日耳曼人的贞操和婚姻观念视作为真理，至少是可能的真理”引自吉本[2]，c. ix。——作者

② 爱德华·吉本（Edward Gibbon，1737—1794）：英国历史学家，代表作为《罗马帝国衰亡史》。——译者

9 这里得不到任何怜悯。可是另一方面，赌博却不受任何限制，冒险行为总是受到鼓励。妇女激励着男人的勇敢精神，在重要的问题上，她们还是咨询的对象，尽管这种咨询不会在公众场合进行[*]。

我们这些文明人——无论是现代的，还是中世纪的——都生活在一个城市化、商业化的世界里，而古日耳曼式的社会环境却与此大相径庭。沧海桑田，世事变幻，很多东西都已无法辨认。看看北美和欧洲现代社会当中的这些道德规范，我们能从当中找出一个大致具有持续性的模本吗？

从某些方面来讲，这种持续性还真是存在着，基督教教育支撑着它，这种教育从罗马帝国皈依基督教时起就已经开始了；而另一方面，面对着基督教的靡靡之音，日耳曼式的习俗也表现得相当顽强。我们通常认为，现在我们奉行的所有的美德都是基督教的专利，这种看法其实非常偏颇。

是谁教导我们要尊重妇女？是我们的异教徒祖先。是谁告诉我们：一个自由的国家，其生命在于民众；国家行为建立在人民意志的基础之上，因而它具有压倒一切的效力——是谁为我们树立了这样的信念？是我们的异教徒祖先。是谁让我们对卑鄙邪恶的
10 生活状态充满憎恶，充满轻蔑；又是谁教导我们要过一种清白、勇敢的生活？是我们的异教徒祖先。这样的一种生活理念被欧洲的基督徒们所吸纳，这使得他们不仅敬畏神灵而且懂得尊重自我。

---

* 这种情况在第八章当中有所提及，原著中的相应文字既简短又含糊，人们不知道塔西佗所说是否属实，也不知道他的信息究竟来自于何方。某些人类学家认为，“sanctum ahquid et providum”指的是母系氏族社会当中留存下来的一种史前魔法崇拜。至少有一点是清楚的，这其中有某些宗教因素在起作用。——作者

我们的祖先不仅有日耳曼人，还有斯堪的那维亚人，他们的入侵为英国人的血统添加了非常重要的一部分。在“诺曼征服”的时代，他们的习俗与《日耳曼尼亚志》当中的描写依然非常相似：整齐的规则，乃至于形式和礼节都被引入到了公共生活当中，但直到此时，一个真正的执行权力依然没有被准确地界定出来。

现在，有两个地方需要我们保持谨慎，细加观察。

首先，有人将塔西佗所描写的那些优良品质都当作是条顿民族的专利，或者说，是与条顿人同宗的那些民族的专利，这种看法未免有些愚蠢。将这些美德分开来看，类似的情形在历史上其实屡见不鲜，在不同时期和不同的宗教当中都可以找到。比如荷马所描写的希腊人，就柏拉图那个时代的人来说，他们就更接近于那种日耳曼式的理想状态；又比如共和国时代的罗马人，他们的美德曾经兴盛一时，而后又走向衰落，塔西佗对此惋惜不已，《日耳曼尼亚志》很有可能就是他为表达这种惋惜而勾画出来的一幅现世图景。印欧语系当中的其他民族，又或是印欧语系之外的各民族，他们毫无疑问也曾拥有过类似的德性——比如凯尔特人，在蒙昧的英雄时代，也就是奥西安和帕特里克[①]粉墨登场，卷入争斗而后各安其命的那个传奇时代；又比如阿拉伯人，在伊斯兰教出现以前的

① 奥西安（Ossian）：又称乌辛（Oisin），爱尔兰传说中的英雄人物，大约生活在公元3世纪。帕特里克（Patrick），又称为“圣帕特里克”（Saint Patrick，385—461），爱尔兰教士，爱尔兰早期教会的领导者，一般认为，他在爱尔兰人皈依基督教的过程当中发挥了关键性的作用。此二人是否生活在同一个时代，是否有过交往，并无信史可考。但二人却经常一起出现在某些文学作品当中，反映原始宗教当中的英雄与基督教圣人之间的冲突。诺贝尔文学奖获得者叶芝（William Butler Yeats）的代表作——《乌辛之浪迹》（*The Wanderings of Oisin*）对类似情节就有过很多描写。——译者

那个时代。

但在这些类似的情况当中，日耳曼式的德性依然拥有一个非常显著的特点：它始终作为一个整体而存在，而且极少受到外来文化的影响。相比之下，地中海文明已经成为了一个普世化的整体，希腊人和罗马人都已受到亚洲文化的沾染，这里有亚洲式的腐化，
11 也有亚洲式的热情。我们的普通法对自由和集体（freedom and publicity）始终怀着同样的眷恋，无论我们对此如何解释，这一点，多多少少地总要归功于日耳曼式的传统德性。

在为异教徒祖先的正义理念大声疾呼的同时，我们不能忘记了教会的正义理念——我们不能把这二者看成是冤家对头。这是第二个需要我们注意的地方。所有的日耳曼式的美德，一旦它们与教会的戒律达成一致，一旦它们受到了教会的认可，它们就进入到了自然法（law of nature）当中，就成为了学术上的习惯用语：这就是说，它们遵从了普世规则（general rules）——所有人类，作为自然和理性的存在物，都处于这种普世规则的约束之下——而人类的理性，无需任何的特殊帮助，终究将发现这一点。

如果我的理解是正确的，那么根据经院学者的公认理论，一个人，即使他的国家已经毁灭，他也能感知到自然法的存在——对此，没有借口，没有抗辩理由。此时，如果他违反了自然法，他的错误不在于其理解力，而在于其意志；与其说他不顺从，不如说他缺乏相应知识——这才是他的所作所为不受认可的关键原因所在。按照这样的理论，我们完全可以将那些异教的日耳曼人看成是这样一群人：比起其他异教徒民族，他们受到的腐化更少，他们保留了更多的自然法传统——我估计，这样的观点，即便是最轻率的神

学家也肯定不会认可。

当然，一个正统的宗教历史学家可能会这样假设：在通常所说的“天恩”(grace)到来之前，在这种“天恩”以外，还存在着某种“天命”(dispensation)[1]，而这些日耳曼人就是这种“天命”在尘世间的特殊工具——对这些史家而言，这样的想法是虔诚的，至少是无罪的；在谈及罗马帝国时，这样的论调会不停地出现——它经常出现在某些精彩的传奇故事当中：图拉真[2]神奇地来到了天堂，这是对他正义之举的奖励*；我们记得图拉真曾经授权对基督徒进行迫害，尽管他是不情愿的，但这样一来，反而让这段故事更加出名了。但丁的论文《论君主国》(*Monarchy*)也建立在同样的思想基础之上。但丁是一个优秀的教士(只要不是严格按照罗马正教的标准 12
来评价)，他的宗教情怀是如此的强烈，如此的广阔，依我之见，世间几无出其右者。而这种条顿式的道德理想被他提升到了一个新的高度。

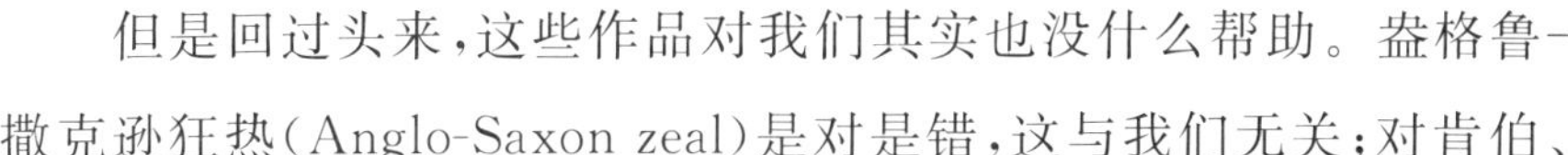

但是回过头来，这些作品对我们其实也没什么帮助。盎格鲁-撒克逊狂热(Anglo-Saxon zeal)是对是错，这与我们无关；对肯伯、

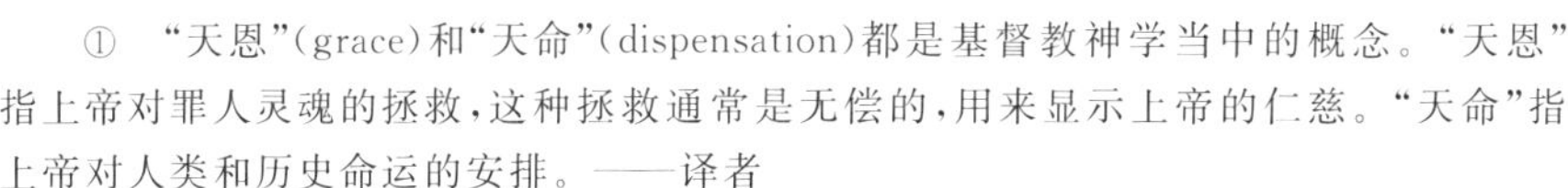

① “天恩”(grace)和“天命”(dispensation)都是基督教神学当中的概念。“天恩”指上帝对罪人灵魂的拯救，这种拯救通常是无偿的，用来显示上帝的仁慈。“天命”指上帝对人类和历史命运的安排。——译者

② 图拉真(53—117)，罗马帝国皇帝，在位期间虽不信仰基督教，但也对基督徒持大致宽容的态度。显然在持所谓“天命”思想的人看来，图拉真的行为是受了基督教上帝的引导。贝文鲁托·达·伊莫兰(1320—1388)，意大利中世纪历史学家，对但丁的《神曲》著有长篇评论。——译者

* “异教徒的所作所为让基督徒受益”(Qui fuerat iustus paganus factus est bonus christianus)引自贝文鲁托·达·伊莫兰(Benvenuto da Imolaon Dante)对但丁的评论第20节，或许还有一些其他的评论也说明了这个问题。——作者

金斯利和弗里曼[①]之流，我们也不必理会。我们只需要将精力集中在我们自己的问题上，看看塔西佗的文本，再看看吉本的评论，这也就足够了。不列颠岛上的各民族：盎格鲁人、撒克逊人还有居住在不列颠的北方人（Norsemen）[②]，他们运气不错，住在了一个岛上。但如果说他们的种族一定比大陆上的远亲要更优越，这就言过其实，毫无必要了。

我们说过，日耳曼式的传统与道德模式具有很强的延续性，但这并不意味着我们远古祖先的各种理想都会被官方所认可，成为不可动摇的最高原则。无论是通过明示还是推定，它们都不可能获得如此显著的地位。公众政治（publicity）、自由（freedom）、个人的自尊以及其他一切——这些理想的显现远不如我们想象的那般清晰，尽管如此，它们还是遍布在英国历史的每一个角落。

可是到了工作当中，这些理想却总是会产生反作用，有时，这种反作用似乎就将成为主流，而且这种情况似乎还会永远持续下去。一旦运用于实践，理想就会受到限制，这种限制有它的合理性和必然性。比如说，任何文明国家的法学都会关注到"国家机密"这样一个问题：这些机密一旦被披露，就会对公益（common weal）

① 肯伯（Mitchell Kemble，1807—1857）、金斯利（Charles Kingsley，1819—1875）和弗里曼（Edward Freeman，1823—1892）都是19世纪的英国历史学家，他们都热衷于研究盎格鲁-撒克逊传统当中的条顿因素，并将这些因素当作是英国在近代获得成功的重要原因。波洛克所说的"盎格鲁-撒克逊狂热"指的就是史学研究当中的这种民族主义热潮。——译者

② 北方人（Norsemen）：指居住在斯堪的纳维亚半岛上的北方日耳曼人，在维京海盗的入侵过程中移居不列颠岛。——译者

产生威胁，因此对专业机密和家庭隐私，我们必须加以保护。又比如说，有人借普选权和个人自由之名，违反法律，抗拒执法，这样的行为本不该受到法律保护，但某些人却总是为此掩过饰非，甚至曲意逢迎。

不难发现，公共生活当中存在着一定的传统习惯，政府与大众 13
之间存在着一定的协商，这类问题不可小觑；每当面对这类问题，一个善于驾驭的统治者总会小心翼翼，总会给予一定的尊重，至少是形式上的尊重；对传统和舆论的公然蔑视会导致灾难性的结局。都铎王朝的国王们就非常明智，他们都懂得玩弄这样的技巧，从形式上看，他们的作为天衣无缝（尽管这些作为还有另一番面目，历史学家和道德家们将会告诉我们），因此，他们所获取的实际权力要远远大于斯图亚特王朝的国王们；斯图亚特们倒是自说自话，毫不掩饰，他们总是搬出国王的非常特权（extraordinary privileges），认为这样的特权高于议会，高于普通法，而这就是他们毁灭的原因所在。

有些故事，大家非常熟悉，我在此就不必赘述了，对这些事情，大家想必已经有了相当程度的了解。和世上绝大部分美好的事物一样，古典美德也带有一定的缺点。无论它的优点是什么，多年以后，一切都将无可避免地渐渐衰颓，渐渐被老旧、僵化的形式所覆盖。这套形式最初很有可能是一种防范措施，没有了它们，社会就很有可能滑落到一种纯粹的混乱中去——这将是一场战争，所有人反对所有人。正因为如此，这套形式在当时才会显得十分必要，也的确十分有效。它的有效来自于它的刻板，而这种刻板一旦进入到一种更加稳定的规则系统当中，就会变得极其顽固，阻碍规则

的进步。刻板的形式[①]和术语好比是一副镣铐，而原始的混乱就好比是一个巨人，古代的司法用镣铐锁住了巨人；而有一天，当法律女神来到她的王国，她就必须要发动一场战争，将这副镣铐从自己的身上除去。形式主义与实质权利，二者相互争斗，从无倦意；这是普通法所要经历的一次冒险，最艰难的冒险，旷日持久，毫不停息。

① “form”（形式）是普通法当中的一个基本概念，是“诉讼程式”（form of action）的简称。在本书当中将会反复出现。学界对这个概念的翻译较为庞杂，包括“诉讼”、“程序”、“程式”、“法律程式”、“诉讼程式”、“诉讼形式”等。以译者愚见，“诉讼程式”这一概念起码包含有两个因素：其一是外在性，它是诉讼活动的外在面貌，是一系列看得见、摸得着的仪式；其二是程序性，它有严格的次序、编成和附带要求。而这两个因素在汉语当中无法合并表达：在描述“外在性”时，汉语习惯使用“形式”，与“实质”对应；描述“程序性”时，汉语又习惯使用“程序”，与“实体”对应。又如“formalism”，汉语当中只有“形式主义”，而没有“程序主义”、“程式主义”之说。因此，在下文的翻译中，原则上将“form”译为“程式”或“诉讼程式”，少数情况下译为“形式”，特此说明。——译者

# 第二章　巨人与众神

形式主义是古代法的本质特征——当下，这个问题已经无需 14
解释了，争论已经停歇了多年，人们普遍认为：我们遥远的祖先或许拥有过一个司法更为简化的黄金时代，之后这种简化的司法蜕变为顽固的形式主义。当人们谈及古人的质朴时，有两个命题似乎被混淆了：其一，古人的制度设计得非常粗陋；其二，古人在执行法律的过程中，缺乏一种单纯的指导思想。这个时期的语言、风俗和迷信极其复杂，要不是在此之前还有一个更早的时代，我们对此可能就完全一无所知了。从本质上讲，现代文化的历史就是一部简化史。

目前看来，法律和程序当中的形式主义有两个根源，一个是理性的，一个是非理性的。

所谓理性的根源是指，我们需要让法律在所有人面前保持一致，这就需要一套硬性规定。个人总是带有偏好，带有任性，早期的起诉者们对这种个人气质带有很深的成见，他们拒绝给予自由裁量权以任何空间。在他们看来，一个法庭如果在适用习惯程式（customary forms）的过程中放松了尺度，那么法律本身就会沦为法律人的为所欲为。

这里所谓的非理性根源，蕴藏于那些最为古老的程式当中，那是一种迷信行为，其历史比世俗政治和基督教神学都要久远，那是史前人类对符号魔力的一种崇拜。在他们看来，程式当中的词汇都带有某种无法替代的特殊能力，一旦这个词被那个词替代，相应
15 的特殊能力也会随之消失。这些词汇都蕴藏在法律仪轨当中，如果你没能精确地引用它们，你就无法让自己与法律保持同步。在依据十二铜表法提起的诉讼当中，如果被损害的财产是“树”，你就不能说成是“藤”；在早期的罗马人听来，这样的变通不仅是无效的，而且很有可能是渎神的。到了中世纪，英格兰的律师开始采用了一种折中办法：“原告的某些树，也就是藤”，这种说法也被认可了。

对个人权威的厌恶，对符号的迷信崇拜——这两种动机在起源和性质上都存在着巨大差别，但二者相处却又非常融洽。它们就像是一双大手，很快就用巫术和权宜之计织成的绳索将治安法官们捆绑了起来。在两条绳索之间，它们又构建起了一整套附属设施，将所有人都笼罩其下，这套设施既是官方的，又是专业的，它依附在法律程式之上，完全为了程式而运行——这是一种狂热，对此，我们时常可见，耳熟能详，却又多多少少地为它感到困惑，感到烦恼。这种狂热一旦运转起来，法定程序对它也无可奈何。那些仪式和准则，它们的来源变得日益复杂，仅靠上面所说的那两种动机已经无法解释了，对此，我们只能另辟蹊径了。

我们应当注意，像诉讼程式这样的一种集体行动，它是规律的，有节奏的，完全按照事先设计的剧本来运行——它根源于人类的某种的体验或者天性；这种天性并没有脱离实践，因此它所创造出来的符号才会同时具备这两个特征：感人至深、容易记忆。深藏

于人性当中的各种需要，在这样或那样的仪式当中获得了满足。对这个问题，就到此为止吧，更深入的研究，无论是简单还是复杂，都不会再有什么太大的用处。

我们需要解释的另一个问题是：法律程式，或者其他什么程式，人们凭什么认为它们是不可变更的——这并不是人们对待仪式的普遍态度。是啊，我们完全有可能拥有这样一种仪轨，甚至是
精心设计的仪轨，它有足够的空间供我们去变通；供我们去插入各 16
式各样的修正案，这些修正案可长可短，可以容纳各种选项或者其他什么东西。与此同时，我们完全可以在细节问题上抱持严格的态度，而另一方面，我们也不会将一点点小疏忽就当作是灭顶之灾，这也是完全可以做到的。

在一般程序及其相应的制度当中，存在着某些变通手法，它们灵巧、时髦但却并非绝对必要。那么，这些手法是否具有价值，又具有怎样的价值，围绕这个问题，人们的意见产生了分歧。对此，某些官员纪律严明，毫不妥协。但是反过来想，也没有哪个军官会在战斗前夕告诉自己的副官说：此战必败无疑，原因是军服上的某个纽扣歪了。我们就不要再拿那些仪轨随便开玩笑了，它们历史悠久、精美雅致，而且距离我们的研究主题也非常遥远。我们完全可以离开人类学的语境，为这些仪轨找到一个合适的归宿，在它们自己的知识领域当中，它们的价值将得到适当的安排。

这里还有一个重要特点需要说明，这个特点属于早期的日耳曼法，也有可能属于其他程序体系——我们不能将一切行为都当成是法律程式的一部分，只不过，一旦程式被引入，放宽和修改就

不再被允许了。

当法庭的成员（最初的法庭就是自由人聚集而成的一个整体）按照他们当前对事情的理解，准备采取相应行动时，程式对他们毫无影响。因此，在刑事审判当中，一旦杀人者在作案时当场被擒，那么他将会被处死，没有任何仪式可言：直到 13 世纪，英格兰人都是这么做的。民事案件的处理也是如此，如果土地占有者的权利已经可以使其处分行为的合法性得到承认，那么郡法院就可以自己充当证人，并据此作出判决[*]。

这些事实就留待别人去争论吧，总之，我们祖先的头脑当中充
17 满了不信任：他们不信任人类的证词；不信任人类的裁判权力可以发现真相。他们或许还怀疑，一个毫无偏私的意志在这个世界上是否真的存在。现在，我们需要一个外在的标准，但这个标准并非来源于人类的理性能力——也就是霍姆斯大法官教导我们去使用的那种能力。我们发现，在古代的证明方式（methods of proof）当中，形式主义展现了他最强的影响力。但在法律的执行过程当中，这种证明方式在很大程度上又被废弃了。之所以会被废弃，执法行为本身所具有的必要理性肯定是原因之一，但它绝非唯一的原因。

说到证明（proof），古人对这个问题的看法其实非常简单。注

---

* 肯伯[①]（Kemble）：《古撒克逊法文集》（*Cod. Dipl*）第 755 页；（*Essays in Anglo-Saxon Law*），第 365 页。——作者

① 约翰·肯伯（John Mitchell kemble，1807—1857）：英国历史学家，盎格鲁-撒克逊民族早期历史研究的权威学者，其编著的《古撒克逊法文集》（*Codex diplomaticas aevi Saxonici*）是相关领域的重要文献，CoL. DipL 是其专用缩写。——译者

意，我所说的并不是证据(evidence)，因为古代并没有证据规则(rules of evidence)存在，这个概念在当时还不存在。提供证据，是为了引导法官或陪审团，让他们按照事实进行推理，进而就整个案件的处理作出决定，至少是要对这种决定起到一定的帮助作用。但是，古代的证明出现在判决之后，而不是判决之前。现代的学生们总是被诱使相信，作出证明是当事人的义务。但古代的情况却是：判决宣布，某当事人将要作出证明。这就是说，该当事人被赋予了作出证明的资格，证明成为了该当事人的特权——在相对现代一些的苏格兰法律实践当中，类似的情况还存在着。

一群同等人(fellow)进行宣誓，这种宣誓产生了一个“诉愿”(suit)，而通过这种诉愿，程式当中的证词(affirmation)得到了加强，这是整个过程的第一步。在这个过程当中，证词可能会遭到否认(denial)，而程式当中的否认必须严格按照原告的陈述逐字逐句地来进行，违者无效。法庭将证明权判给了一方当事人，而这方当事人也就对相应事由形成了占有。让我们假设，证明是通过发誓(oath)来进行的(这是最常规的情况，也是最有指导意义的情况)，那么对方当事人可以通过一种程序阻止发誓的进行。当然，这要冒一定的风险，挑战发誓者，或者挑战发誓仪式的辅助者，这在当时都是一件惊人的事情。发誓仪式设有圣物(relics)，在发誓人触摸圣物之前，或者在他举手准备开始发誓之前，挑战者可以抓住他的手，不让他发誓。挑战者也可以在通往教堂的路上，挥舞双手或长剑，不让发誓者走进教堂的大门。在这类问题上，挑战者必须自
担风险，在古代诉讼程序的所有步骤当中，情况也都是如此。 18

但类似的行为必须严格按照正确的时间来进行。发誓一旦开

始就不能被打断。很多人都看过歌剧《众神的黄昏》[①]，我们记得，布伦希尔德打算将齐格弗里德从他的誓言中“扣押出来”(levy)，不是在发誓之前，而是在发誓之后*。瓦格纳还算不上是最具影响力的剧作家，但却从没有人像他那样，对自然秩序和法律正义发起如此大规模的侵犯，而且还毫无争议——这是莎士比亚式的艺术，在夏洛克控告安东尼的案件中，我们也可以看到。

在《众神的黄昏》中，没人注意到，布伦希尔德的主张已经不适时了。原告已经就某项罪行提起了正式诉讼，而在此之前，并没人对这项罪行提出过质疑，并没人控诉过原告——经瓦格纳这么一写，一个民事诉讼的程序就被弄颠倒了。离开戏剧不谈，我估计，龚特尔的法庭唯一可能做出的判决是：诉讼程序完全不合规范。

① 《众神的黄昏》(*Gotterdammerung*)是德国作曲家瓦格纳(Wilhelm Richard Wagner)的代表作，系列歌剧《尼伯龙根的指环》的第四部。下文中提到的情节出现在该歌剧的第二幕当中，大致内容如下：布伦希尔德和席格菲尔德是一对情侣，并定有婚约。席格菲尔德喝了魔法药水，忘记了布伦希尔德，也忘记了婚约。他和国王龚特尔结为兄弟，并答应龚特尔，要帮助他赢得布伦希尔德的爱情。后来，布伦希尔德在众人面前将她与席格菲尔德的婚约公布。席格菲尔德一方面失去了记忆，另一方面也深恐伤害了龚特尔，于是他手握长矛发誓，如果布伦希尔德所说属实，那自己就死于此矛之下。在发誓进行过程中，布伦希尔德一把推开了席格菲尔德，自己抓住长矛，对席格菲尔德发出诅咒。——译者

* 布鲁纳[②]：(Brunner)：《德国法律史》(DR. G)，第二卷，第 433 页。另见《对德国和法国离婚法律的研究》(*Forschungen zur Gesch des deutschenu franzos Pechts*)，第 385 页、第 386 页。在此书所引用的材料中，我们可以看到，直到 16 世纪，在某些法国的习惯规则中，类似的仪轨仍在使用，它们严格如初，被放宽的地方很少。——作者

② 海因里希·布鲁纳(Heinrich Brunner，1840—1915)，德国近代晚期最重要的法律历史学家之一，对法兰克系西欧各种族的习惯法皆有深刻研究，其在 1887—1902 年间编著的《德国法律史》(*Deutsche Rechtsgeschichte*)是英美法律人了解西欧早期法律传统的重要文献 DR. G 是其专用缩写。——译者

齐格弗里德的“证明特权”(prerogative of proving)可以被挑战，但那必须是在誓言说出之前。

而另一方面，仪式对发誓者以及辅助者的行为也都有具体要求，仪式一旦开始，二者就必须精确地按照要求行事，这种要求不仅包括语言，还包括手势。该把手举起来的时候，你就不能放下；该把手放在圣物上、剑上或者辅助者手上的时候，如果誓言还没说完，你就不能把手抽走。如果这个庄重的仪式在进行过程当中没出什么差错；如果该说的话都按正确的顺序说了；如果手和手指都放在了应该放的地方；如果一切都准时做完，毫无瑕疵，习惯上会有一段暂停时间，如果在这段时间当中，上天没有因为伪证而降下天谴(divine wrath)，那么证明就结束了。经过以上程序的证明不仅是完整的，而且还被视为是不容置疑的。

上面所说的这种证明，并非是加于当事人的一种负担，反而是 19
给予当事人的一种好处。这种证明方式不适用于决斗裁判(trial by battle)，也不适用于其他种类的“神明裁判”(judgment of God)——也就是那些通过水火“考验”(ordeal)[①]而进行的裁判。

就决斗裁判而言，当事人双方的机会都是平等的。而一个人如果被付之于“考验”，他就已经被认定为部分有罪了；如果他的名

① “考验”(ordeal)：这里专指早期日耳曼民族曾经普遍使用的一种审判方式或者举证方式，国内通常译为“水证”、“火证”或者“水审”、“火审”。其具体形式，通常是用火或者滚烫的开水烧灼发誓者的手，随后用粗布将伤处包裹起来，盖上封印，几天之后，封印拆开，如果发誓者的伤处无恙，则认为他有神灵保佑，其证词为真；反之，如果伤势恶化，则认为他受到天谴，其证词为假。——译者

声不错，他可以提出申辩，如果获得允许，他就可以通过上面所说的誓约来洗刷自己的罪名。这是他最后的辩白途径，很明显，相对于大多数现代人的想象来说，这样的仪式还是有一些可取之处的。在“末日审判书”（Domesday Book）编定之前，为验证当事人的诉求，那些“习惯汇编”（omnibus modis）或“法律汇编”（omnibus legibus）提供了各式各样的“考验”。但我从未见过任何一种形式的“考验”成熟到被付诸执行的程度，我强烈地怀疑，这些“考验”在当时可能既没有被严肃地看待，也没有被严肃地执行。

无论是“考验”还是决斗裁判，两者都不能被看作是严格的仪式程序。决斗裁判源于遥远的古代，可是到了后来，有大量材料清楚地表明，这种裁判方式已经变质：当事人双方已经达成了最后的妥协，而决斗只是为这次妥协而编排的一场生动表演：

当事人双方终于达成了一致。于是法官就让双方的斗士用“国王棍法”（the King's strokes）对练个一两下，就像是一种体育运动；又或者是用“带角的棍棒”（按书中所写，这似乎是法兰克双面斧）击打目标，闹出点动静。然后，那些剃着光头，身着皮甲的专业演员就这么高兴地离开了，我估计，他们会用拿到的一部分酬金开怀痛饮。而公众呢，他们会觉得这已经够好的了，至少没有人被杀死或被绞死。

此外，我们还可以读到很多附属的预备礼仪：斗士的手套会被提交给法庭，手套上的每个手指里都藏着一个便士。决斗本是一场精心设计的起誓仪式，其初衷本在于预防伪证，但这么一来，结
20 果与初衷可能就完全相反了。这些细节也并非个个都是必不可少的，但如果……比如说，一个手套里只有四个便士，那么一切就都

等于零了。

事实上，很多中世纪时期有关司法决斗仪式的记载都清楚地告诉我们：这些仪式在当时已经不那么常见了，在人们的头脑当中，它们正慢慢地被淡忘。大概在14世纪，确切地说，是16世纪，这样的仿古盛装仪式还在举行，而且容不得丝毫的差错。到19世纪初，出现了最后的决斗：一个据说是中世纪风格的手套，看上去既吓人又奇特，它被扔在了法庭上*。不太寻常的一点是，这个手套完全没有手指**，这一点似乎不太符合权利令状的规定，但也有人认为，在重罪的上诉案件中，这样的做法也是可取的。

其实，在此之前很久，人们对决斗仪式的真正信赖就已经丧

* 这是著名的"阿什福德诉桑顿案"（Ashford v. Thornton）[①]，参见詹姆斯·史蒂芬（Stephen），《英国刑法史》（*Hist Cr. Law*），第一卷，第249页。这个案例提醒读者，这时已经没有决斗了，尽管这种提醒有些多余；原告试图说服法庭：案情已经非常清楚，法庭因此应该剥夺被告"以我的身体，捍卫我的清白"的权利。——作者

① "阿什福德诉桑顿案"发生于1818年，在该案当中，被告要求与原告进行决斗裁判，而在此之前，类似的情况已经绝迹多年，但决斗裁判并未被明文废除，法庭因此只能同意被告的请求。原告拒绝决斗，被告因此而脱罪。此事实际上提醒了英国的法律界和公众，此后不到一年，决斗裁判就被立法所明文废除。"以我的身体，捍卫我的清白"（defend the same with my body）：这是被告桑顿在法庭上的原话，在原注所列的原始文献中，这句话的全文是"Not guilty; and I am ready to defend the same with my body."（我是无罪的，我将以我的身体捍卫这一点）。——译者

** 参见尼尔森（Neilson）：《决斗裁判》（*Trial by Combat*），第329页。我相信，该问题上的所有权威观点都被此书所收录。另见《法律年鉴》（Y. B.）第20卷第三版（Rolls series 出版），第483页。此书作于1908年，由派克（Pike）先生编辑而成，内含1346年有关仪式的记载，还有许多此前未被刊印出来的案例。另见达格代尔（Dugdale）：《司法源流》（*Orig jurid*），第68页，此书记载了一个更早的案例（1330年），其资料来源是林肯学院的手稿。这些史实意义重大，在当时也是如此，因此才被详尽地记录下来。——作者

失，人们已经不再郑重其事，不再对仪式的要求亦步亦趋，仪式的实质意义在下降，它更多地呈现为一场风趣的表演。到中世纪晚期，一种有意识的浪漫主义已经出现。这也许就是衰颓的征兆，最具决定性的征兆。

这样一些奇怪的守护者围绕在普通法女神的襁褓周围。在那个年代，他们是真正的守护者。任意(caprice)，有时是善意的，如果运气好也能取得不错的效果，但我们一定要不惜一切代价将它
21 限制在可控的范围内。一个坏的规则总比一个非法(not of law)的规则要强。耶林(Jhering)曾经说过："程式是自由的孪生姐妹，是任意的死敌"，这是一个伟大而正确的论断。一群严肃而冷酷的巨人出现在我们先前的视野里，他们为众神在混乱当中辟出了一条道路，没有这些巨人，众神永远也无法走进自己的圣殿(Valhalla)。

可是后来，人类社会逐渐走向文明；半巫术性的仪式已不再被人们所容忍；在战士和信徒的眼中，所谓神明裁判也已无法保障正义的存在——原来的守护者此刻已经变成了暴君。巨人们开辟的这条道路已经无法修复，它必然会走向毁灭，它旧有的躯壳，哪怕是在12世纪的诉讼者看来，也已变得盲目而愚蠢，而一个新的司法躯壳此时即将成型。我们希望未来的法律成为现实正义的喉舌，但旧有的主人们已不再是保护者，反而变成了压迫者，我们只能与他们斗争，将他们推翻，将他们丢弃。

在法律的幼年时代，其精神的确需要一群勇士来捍卫。人们

曾经写道:国王将会成为国教(Church)的养父[1]。这句话用在普通法身上也一点不错。至高无上的王权不仅被设想,而且也被实施,只有这样的王权才能承担起养育普通法的任务。

王室的审理、王室的训令、王室的判决,王室的官员们足智多谋,殚精竭虑,至少,他们希望诉讼费流进国王的金库,希望加强国王法庭的声誉,希望让诉讼者们感到舒适,感到满意。至于方法,那些古老、僵硬而且累赘的诉讼程序确实没有被他们废除(当时任何东西都没有遭到人们的正式废除),他们只是让这些程序变得晦涩,变得模糊。在这种模糊的状态当中,旧有的程序被人们所淡忘,这种淡忘来得如此之快,如此之彻底,以至于到了现在,那些自称精通古学的法律家们还依然相信,陪审团审判的起源太过遥远, 22
以至于无法追忆。

古代的证明程式并没有给我们的普通法女神带来什么麻烦,这么说毫不夸张。我们的女神在这时做了不少事情,而这些事情并不比那些异教徒巨人更危险[2]。

---

① 在1529年开始的英国宗教改革当中,英格兰教会的领导者从罗马教皇换成了英格兰国王,但教会的教义和仪式却被大部分保留,这样就形成了英国国教(Church)。教会由罗马教廷所创立,后来又由国王所保护、所领导。用一个比喻性的说法来说,罗马教廷是国教的生父,而国王则是国教的养父。这个比喻被作者借用到普通法身上,这就是说,古代的巫术和形式主义是普通法的生父,而后来国王成为了普通法的养父。——译者

② 这里的"异教徒巨人"(Giant Pagan)指的就是古代半巫术化的诉讼程式。前文已经将古代诉讼中的形式主义比作为"巨人";这些形式主义的思想基础是日耳曼人古老的道德信仰,而非基督教教义,因此它们被称为是"异教徒巨人"。作者此话的意思是说:基督教教义引导下的"宣誓裁判"(wager of law)、日耳曼古老习惯引导下的诉讼程式,这两者都有很多不足之处,但都没有束缚住普通法的发展。——译者

誓言立证来自于中世纪，晚些时候，出现在宣誓断讼[①]当中，但是在经历了各种束缚与打击之后，到16世纪时，它已变成了某种奇闻逸事。就现代律师的第一感觉而言，这种裁判方式真是坏透了，既累赘又愚蠢，连决斗裁判也不如，后者至少还能提供一场好看的体育表演。但真正的危险还在暗处：古代僵硬的形式主义此时已经死亡，但它的鬼魂却依然萦绕在司法技术当中，它将自己改扮一新，似乎比过去更为合理，更为实用，也更加符合逻辑了。让我们离开技术细节的迷宫，看看这一切到底是怎样发生的吧。

无论我们怎样看待国王的新式司法系统，有一点是肯定的：与我们前面所说的那些史前司法秩序相比，它已在很大程度上理性化了，这正是它迅速获得成功的原因。

国王不想让司法变得廉价；司法要供养自己，还要给国王提供财源。巡回法院的专员们(commissioners of assize)负责这项工作，但他们的出巡是间歇性的，他们的工作只能及于部分时间和部分地区。早些时候，有一种活动被称为"巡查"(eyre)，"巡查法官"(justices in eyre)们四处流动视察，他们热衷于收取罚金，热衷于调查违法行为。后者让法律的执行得到了改善，与此同时，法官们
23 也得到了锻炼和培养。到13世纪末，"巡查法官"们的作为招致了众多不满，这种不满一直延续到14世纪，在此期间，那种机械、繁复的"巡查"(eyre)逐渐被一种更为便捷的司法所取代，这种司法



① 宣誓断讼(wager of law)：又译为"誓证裁决"，一种中世纪的裁判方式，在17世纪前的欧洲非常普遍，在这种审判当中，被告可以找来一定数量的邻人，只要这些邻人共同发誓，证明被告的清白，被告就可以脱罪免责。——译者

由“巡回法官”[①](justices of assize)负责主持。

虽然有迹象显示，国王的法官们有意识地将古老的群众审判维持在一个相对较低的位置上，但除此以外，他们也并没有采取什么其他的特殊措施，他们没有放宽国王法庭的准入标准，也没有设法去增强国王法庭的吸引力。到后来，他们又开始排挤郡法院，这种排挤从司法权力一直延伸到司法方法——这经历了一个漫长的过程，而且从逻辑上看，这种排挤也并不彻底。我们的普通法女神并不是一个爱干净的法国家庭主妇，她不会将每个角落都打扫得干干净净，以前不会，恐怕以后也不会。没有被清除的那些古老遗物，比如宣誓断讼以及其他类似的东西，都被她搁置起来，继续存在于那些古老的诉讼程式当中。

即便如此，国王的司法系统依然拥有一系列独特的优点。只要它还掌握着案件的审判权，它就不会以疑罪去指控当事人，也不会逼迫当事人用那些荒谬而不可靠的方法去做自我辩白。在处理民事纠纷时，它不会去理睬誓言，也不会让当事人按照那套老旧而严格的程序在口头上争来吵去，它不会将这些因素当作判决的依据。



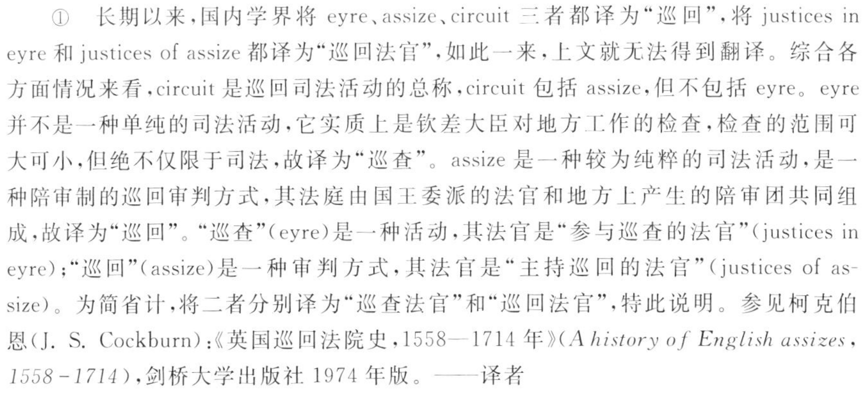

① 长期以来，国内学界将 eyre、assize、circuit 三者都译为“巡回”，将 justices in eyre 和 justices of assize 都译为“巡回法官”，如此一来，上文就无法得到翻译。综合各方面情况来看，circuit 是巡回司法活动的总称，circuit 包括 assize，但不包括 eyre。eyre 并不是一种单纯的司法活动，它实质上是钦差大臣对地方工作的检查，检查的范围可大可小，但绝不仅限于司法，故译为“巡查”。assize 是一种较为纯粹的司法活动，是一种陪审制的巡回审判方式，其法庭由国王委派的法官和地方上产生的陪审团共同组成，故译为“巡回”。“巡查”(eyre)是一种活动，其法官是“参与巡查的法官”(justices in eyre)；“巡回”(assize)是一种审判方式，其法官是“主持巡回的法官”(justices of assize)。为简省计，将二者分别译为“巡查法官”和“巡回法官”，特此说明。参见柯克伯恩(J. S. Cockburn)：《英国巡回法院史，1558—1714 年》(*A history of English assizes, 1558－1714*)，剑桥大学出版社 1974 年版。——译者

他会认真地查清事实真相，通过承认（admission）和证明（proof）建立起一套通俗易懂的法律规则，将这套规则与法庭自身相绑定，然后再将其付诸实施。直到14世纪，民事诉讼中的诉答程序还是一个技术性的游戏，但游戏的玩儿法已经变了，当事人双方在法官面前进行生动的相互辩论，而法官在此扮演一个主持人或导演的角色。

这场游戏终结的标志并非是判决，而是双方就争议问题达成一致。要想弄明白这套系统的活动范围和真正优点所在，我们就必须
24 首先记住一点：国王的法庭从未宣称自己拥有普遍的司法管辖权，它仅仅是在国王认为有必要加以干涉的案件当中提供一定的救济。

特定种类的司法对应特定的范围，原告必须向法庭说明：他所声称的事实与这种类型的司法到底存在怎样的联系。无论有没有律师的帮助，他都必须首先找到适用于该案的特定法律——这是原告的工作。在法庭上，原告不能只把案情说个大概，然后就把这项工作丢给法官。

这时，我们需要一个论辩过程，它可以帮助我们确定判决的关键点所在，同时也给专业顾问们以后的实际工作提供指导，这些顾问们现在都已经成为了法律的仆人。这是一种创造性的论辩，其质料是新鲜、可塑的，早年的“司法年鉴”对此有所记载；这种记载是非官方、非正式的（我们今天能知道这些，当然要感谢梅特兰，或许至少还要感谢一位此前出现的美国学者①），这些记载出自于一

① 这里所指的应该是美国法学家、法律教育家克里斯托弗·兰德尔（Christopher Columbus Langdell，1826—1906），他在任哈佛大学法学院院长期间，发明了案例教学法（case method），为此他组织汇编了大量案例，包括上述的“司法年鉴”。前面所述的“论辩过程”（dialectic process）是后来的英美法律人在谈论案例教学法时惯常使用的一种说法。——译者

群年轻律师之手，这群年轻人对自己的知识和事业充满热情，他们想知道，自己究竟可以做多少创新，而这种创新与鲁莽的确切界限究竟何在。当事人双方是谁，案件的结果究竟如何，他们对此毫不关心。他们想要的，就是一种好的诉答；这是一种技巧，有了这种技巧，一方面可以获得法庭的赞许，另一方面也能赢得当事人的欢心，在未来的某一天说不定还能让自己当上高级律师(serjeant)。他们对法官所熟悉的那些业务要点详加调查，多年以后，他们当中少数的几个幸运儿将因此而坐上法官的宝座。

这种半官方性质的记录最终被他们完成了，其中包含了民诉法院(Common Pleas)里的每一种诉因(cause)。在法官和高级律师的心目中，一个完美的诉答究竟是什么样的呢？有了这样的材料，学生们就能知道个八九不离十了。就在前不久，在口头诉答中还会发生这样的事情：律师告诉法庭，有些事情是他虚构的，而且他估计这些虚构出来的东西已经让对方当事人失去了勇气。当然，他绝不敢将这些话记录在案！但法庭这时却说，这些话也没什么大不了的，于是就将其记录了下来[*]。我们应该明白，这些记录出现在法庭辩论结束之后，没有包含在诉讼程式当中，它们不够正式，必须经过仔细地雕琢才能以正式判决依据的形式出现。

这时我们才能明白法官们的所作所为，他们带着年轻时的那种专业热忱，与律师辩论、相互辩论，他们会提出一堆新问题，提出种种的暗示和警告，这一切都是为了保护新手的利益。要做到这一点，无疑需要非常高超的技巧。

---

* 《司法年鉴》(Ed.)，第 42 编，第 3 版，第 4 节，第 14 小节末尾(这些刊印出来的文本读起来很是困难)。——作者

看到这样的情况，中世纪的律师一定会感到万分震惊，恐怕中世纪的老百姓也会有同感。旧时代的诉讼程式自由地发展，呈现出多样化的面貌，但这条发展道路后来逐渐被扭曲，保守的形式主义日益腐朽，它与新时代的法律体系渐行渐远了。

技术性的论辩是法律的好仆人。正如“司法年鉴”所说，在法庭上，老百姓喜欢展现自己的“才能”，喜欢想说什么就说什么。但每一个受理案件的律师都知道，比之于专业性的偏见，外行人的为所欲为可能会造成更大的谬误和不公正。然而，好的仆人常常想当主人，这个企图一旦成功，好的仆人往往又会成为一个很坏的主人。类似的问题就发生在程序和普通法诉答当中。的确，极端的古代形式主义思想还有部分的残余，但从大的方面来说，这些残余并非是造成上述问题的主要原因。在较近一些的法律书籍当中，那些古代的奇闻逸事仅仅被当作纯粹的考古学资料，除此以外，它们已经毫无用处了。而在实际操作当中，它们又被各种各样的制度所限制，也不可能再造成多大的危害了。当然，为了做到这一点，我们付出了一定的代价，但这并不是我们目前的主要话题。

总体上看，真正的古代形式主义并没有留存下来多少，它造成的麻烦也比预期中的要小。但这种古老的精神并没有被消灭，它只是遭到了压制，它的灵魂潜入到工作当中，发挥着巨大的影响，
26 而这些影响也逐渐沉淀到了法律新的躯壳之中。

约翰·班扬将“巨人波普”[①]描绘成一个衰弱的老翁，这真是

① “巨人波普”(Giant Pope)依旧是班扬的小说《天路历程》当中的人物。“Pope”既是英国一个常见的姓氏，同时也指教皇。小说中的“巨人波普”四处迫害新教徒，最后中了魔法，变成了一个衰弱的老翁。这是班扬对教皇命运的预测和否认。——译者

大错特错；如果他放眼英格兰以外的世界，他就会看到反对改革的势力取得了多么大的成功。布拉克顿的亨利、格兰维尔，或者那些以自己的纹章作为署名而写作的学者们，他们也许非常乐观，他们希望，在国王的扫帚所及之处，无人再敢去倾倒新的垃圾。如果是这样，他们就犯了和班扬一样的错误。之后没过几年，一股中世纪的狂潮勃然兴起，各种逆流随之不断滋长，新的法律质料开始遭到攻击。

为了程式而程式，程式因此变成了一个吹毛求疵的老板娘；为了精细而精细，精细的恶灵因此化身为一个迷人的女妖。她的魅力对我们倒是没什么影响，但却把学究们弄得神魂颠倒，从很多方面来说，学究们的思维习惯与学校里那些聪明的小男生没两样。

人们热衷于对程序进行改良，这些改良非常精细但却毫无用处，但这股风潮却愈演愈烈，甚至一直蔓延到了口头诉答的领域当中。过去，人们在法庭上进行开放式的辩论；但经过改革，当事人双方的交流只能通过相互递交书面答辩状来进行，而且法庭对这个过程不加任何形式的控制——这是此次改革过程当中最为致命的一步。未来的年鉴编辑们一定会把所有的细节都整理出来，但这个故事的梗概我们很早以前就已经听说了。*



* 《史蒂芬论诉答》(*Stephen on Pleading*)，这是一部杰出的著作，它在美国比在它的祖国更受推崇，它将发生在19世纪早期的这个故事详尽地讲述了一遍。后来的学者为这段历史添加了更多的材料，这些学者包括梅特兰、派克先生[1]和霍尔兹沃思博士(这里说的仅仅是英国的学者)；他们都认为，史蒂芬的解释基本上是正确的。——作者

① 派克先生：全名吕克·欧文·派克(Luke Owen Pike，1835—1915)，英国著名历史学家、法学家，主要著作包括《英格兰犯罪史》(*A History of Crime in England*)、《上议院宪政史》(*Constitutional History of the House of Lords*)等。——译者

# 第三章　萨里巴特的堡垒

27 毫无限制的胡乱创新，曾经在诉讼技术领域大行其道达数个世纪之久，情况虽偶有改善，但总体上却是越来越糟。诉讼的细节显露出腐化与混乱，随之而来的结果是，诉讼程式变得冗长乏味，而且相对我们的目的而言，变得毫无用处。可以说，老的诉讼程式依然相对简单，但却显得僵硬而笨拙，新的诉讼程式更为灵活，但正是由于这种灵活的不确定性，它又显得更加的复杂诡异。这套（新的）系统甚至缺乏逻辑性，如果严格按照逻辑思维的去推导结论，那么这样一种庭审过程很可能会陷入僵局；制定法、司法鉴定技术抑或是某些案件中使用的司法技巧都可能会带来些许有限的帮助，但是这些手段，即使经过修饰，也和法律的系统性原则显得格格不入。



在很多案件当中都会出现变通程序，这些程序衍生出不同的附属问题(incident)，而这些问题与案件的主旨毫无关联；在另一些案件当中，没有合适的诉讼程式可供选择，又或者合适的诉讼程式很难被确定，至于原因，没人搞得明白[*]。现在，我们来看看这

---

[*] 有一定基础的读者可以在《波洛克论侵权行为》第八版，第 231 页的脚注里面找到一些例子。——作者

些该死的形式主义是怎样在19世纪的第二个25年里来到英格兰的，我们或许需要一位伟大人物的指引，他就是哈耶斯大律师[*]， 28
此人后来在高等法院担任过法官，任期不长，他精通这套法律系统，并且曾经竭尽全力地想要颠覆它。我要推荐的这部著作可能很多朋友们都还没有听说过（我不用向他们道歉，因为他们也不会要求我这么做），此书大约作于1850年，写这本书的时候，哈耶斯还只是一个初级律师。这本书的名字叫《克罗盖特案：有关特别诉答[①]改革的一次阴间对话》[**]（'*Corogate's case*：*a dialogue in the Shades on Special Pleading Reform*）。

对话的参与者之一是萨里巴特男爵（Baron Surrebutter），[②]谁都看得出来，他的原形是帕克议员，或者至少有一部分是，这位议员对有关抗辩和诉讼程序的专门技术有过很深的钻研。他以文斯利代尔爵士（Lord Wensleydale）的身份进入上院，可就在他荣升

---

* 乔治·哈耶斯（1805—1869），1830年成为律师，1856年授高级律师，1868年成为法官。——作者

① 特别诉答（special pleading）：普通法诉答技术的一种，指在反驳对方当事人的意见时，提出新的事项的作为依据。建立这种诉答制度的初衷本来是为了尽量全面地发现和掌握案情，但在司法实践中，一方当事人往往利用这项制度，对对方当事人的陈述不直接加以反驳，而是制造新的议题。如此一来，诉讼当中就产生了大量无关紧要的枝节性问题，严重拖慢诉讼的整体进程。正因为如此，"特别答辩"在后世又被当作是"顾左右而言他"或者"诡辩"的同义词。——译者

** 此书1854年在伦敦私自印刷，1892年又私自重印了一版，它与哈耶斯的其他作品合订在一起，名曰《哈耶斯选集》；两个版本存在一些排版上的差异，但谁也用不着深究这一点。——作者

② 萨里巴特男爵（Baron Surrebutter）："Surrebutter"，意为普通法诉讼中原告对被告的第三次答辩，也就是交叉诉答过程中的最后一次答辩，哈耶斯将其作为人名，明喻法律技术领域当中那些坚持形式主义的顽固守旧派。——译者

之前的几年里，1852 年《普通法程序法》(*Common law Procedure Act*)获得了通过，这部法律严重颠覆了他在财税法院(Court of Exchequer)时所狂热支持的那套理论。也不知道这套理论垮台的时候，议员先生有没有搞过什么公开的悼念活动，可以确定的一点是，这场灾难没让他折损阳寿，直到 1868 年，他才以 85 岁高龄寿终正寝，而此时，在法律人的记忆当中，他在法庭和议会里那活跃的身影依旧是那么栩栩如生。可这时法庭上的诉答活动已经乱了套，秩序的重建需要更清晰的条理和更全面的大局观，可惜没人能做到这些。

参与对话的另一个人物就是著名的克罗盖特，他虽然出身低微但却引发了一场意义深远的案件，这个案例被记载在 8 Co. 66 号案卷里，而克罗盖特的名字也和“无过错抗辩否认”规则(de injuria)[1]密不可分地连在了一起。除非您对普通法诉答程式的细节有所了解，否则您根本无法弄懂这套规则，无论是在英格兰还是在纽约，这套规则已经被废止了超过半个世纪。我发现，如果我没弄错的话，在邻近的新泽西州[2]，“因其自身过错，不存在其他原因”答辩直到今天还在被充分使用，如果谁想要对这套规则一探究
29 竟，那么他在新泽西一定可以获得满足。



我所说的这些一定可以让学生们想起克罗盖特这个人了，他作

---

① 普通法诉答术语，全称“de injuria sua propria absque tali causa”，原意是：完全是由于他自己的过错，根本不存在他所宣称的另外的理由。在诉讼中，当被告承认所诉事实的存在，但却宣称自己无过错或寻找其他借口时，原告提出此答辩，意为否认被告的无过错答辩，坚持将过错归咎于被告。——译者

② 新泽西与作者演讲的地点——与纽约仅一河之隔。——译者

为原告参与了一场侵害之诉(trespass),在面对一个特别抗辩(special plea)时,他做出了"因其自身过错,不存在其他原因"的否认答辩,但此刻他其实应该选择另一种答辩(至于是哪一种,还是让我们的新泽西朋友告诉我们吧,如果他们愿意的话)①。随着对话的展开,一场酝酿当中的针对英格兰诉答制度的改革开始浮出水面,这场改革以1834年的新规则作为主要依据,新的答辩技术开始在对话中大量出现,其中就包括了前面所说的那些特殊的诉讼程式,这些在当时已经差不多要被废弃了的程式在对话中又被积极地复兴了。

萨里巴特男爵的灵魂前不久刚去过冥王哈迪斯那里,他向克罗盖特大加抱怨,诉说他在拉达曼提斯②法庭里的遭遇,这个法庭在阴曹地府里,但让议员先生愤慨的还不是这个,而是这个法庭根本不接受错误的诉答。男爵先生骗过了警觉的刻耳柏洛斯③,"它

① 克罗盖特诉马里斯案(Edward Crogate vs Robert Marys):普通法历史上的著名案例,诺福克地区的农民克罗盖特因牲畜丢失向邻人马里斯提起侵害之诉(trespass),马里斯在特别诉答中否认指控,此时,按照侵害之诉的诉讼程式,如果克罗盖特要否认马里斯的抗辩就必须使用特别否认抗辩(special traverse);但问题是,特别否认抗辩由两部分组成,在第一部分中必须承认对方的部分抗辩理由,在第二部分中才能否认另一部分理由(详见本书第40页脚注②),而克罗盖特认为对方的抗辩理由全都是谎言,如果承认便是在法庭上撒谎,于是他不顾诉讼程式的要求,回答"因其自身过错,不存在其他原因"。由于违反了诉讼程式,他对马里斯抗辩的否认被判无效,克罗盖特即告败诉。克罗盖特说出的是自己想说的实话,但仅仅因为违反了死板的诉讼程式就招致败诉,此案在当时的法律界和舆论当中都引起了较大反响。——译者

② 拉达曼提斯(Rhadamanthus):希腊神话人物,宙斯与欧罗巴之子,曾是阳界的英明君主,后成为冥界的三位法官之一,以公正严明著称,后世多以其形容铁面无私的法官。——译者

③ 刻耳柏洛斯(Cerberus):地狱的看门狗,生有龙尾,三头(一说五十头),毛发皆为毒蛇,进入地狱前的灵魂拷问者。——译者

那众多的脑袋”他说“攻击我，就像特别诉求不充分抗辩（special demurrer）[①]一样恶毒，幸亏我还为自己留了一招，那就是特别否认答辩（special traverse）[②]，我立刻把它作为诱饵抛了出去。刻耳柏洛斯贪婪地咬住诱饵，一眨眼工夫便把它吞了下去，但是‘无此答辩’（absque Hoc）这时却卡住了它的喉咙，差点儿没把它噎死[③]，而我趁此机会也就全身而退了。”

萨里巴特男爵接着说，在拉达曼提斯面前，他被控的罪名是：使用特别诉答（special pleading）当中那些琐碎的术语阻碍司法进程。“我为自己辩护说，特别诉答是一个智慧且实用的系统，而且我已经用‘新规定’[④]弥补了它的缺陷。这个辩护可谓绵里藏针，它看上去似乎只是一个容易引起争论的一般性问题，但我的意图是，冒着被对方提出特别诉求不充分抗辩的危险，将对方诱入陷阱

30 当中，就等着对方对我辩护中所衍生出来的某个问题提出反驳了。”……“但是，他却宣布说，特别答辩是一个可恶的系统，而且我利用‘新规定’把它变得更可恶了，我对原告答辩所提出的抗辩完



---

① 特别诉求不充分抗辩（special demurrer）：针对对方诉讼形式上的瑕疵提出的抗辩。——译者

② 特别否认答辩（special traverse）：普通法上当事人为解释其否认答辩的合理性而采取的诉答形式，由两部分组成：第一部分也称引言（inducement），说明其肯定的事项；第二部分称为“此外另有”（absque Hoc，后文暂译为“无此答辩”），提出否定的理由与主张。——译者

③ 普通法的特别答辩程序是一个相对严格且封闭的程序链条，在某些诉讼程式当中，特别答辩一旦启动，如果一方提出“无此答辩”，否认对方观点并且其否认得到法官支持，那么无论案件当中的其他问题是否得到解决，该案审理程序即告结束，提出否认的一方即告胜诉。因此才会有“噎死”刻耳柏洛斯的比喻。

④ 1834 年普通法诉讼改革开始后出台的新式诉讼程序。——译者

全建立在欺诈的基础之上。而且更令我惊讶的是，法庭在我拒绝撤回抗辩的情况下，非常草率地将我的抗辩弃置一旁，就好像它完全是多余的一般，接着，就做出了对我不利的判决。”于是，萨里巴特男爵发现自己陷入了一个荒唐而又无法预知的世界里，这是一个由律师和当事人组成的世界，在这里，人们利用特别诉答没完没了地相互算计着，而过去的诉讼专家们就被束缚在了这样的一种游戏里，又或者，他们还试图利用“新规则”去建立起一个对所有抗辩都免疫的辩护模式。

这位博学的男爵绝望却又竭尽全力地向格里盖特先生解释，在格里盖特案里，判决是如何的必要和精巧，这就是这篇对话的主要内容。顺带着，他也展示了特别诉答的种类数量以及相应的诉讼程式。

诉答的程式是严格还是相对宽松，这取决于诉讼的性质；而按照其性质，很多诉讼就完全不可能出现特别诉答。在合同（contract）之诉讼当中，如果情况已经发展到了有必要做出判决的程度，根据法院的惯例，如果此时使用特别诉答，就必须要面对极其严格与特殊的强制性程序，在这样的程序当中，一些最简单的问题也时常会陷入到非常复杂的诉答当中；但是如果案件采用某些普通与常见的程序（这些程序也的确在绝大多数的普通诉讼中被采用），那么整个问题就变得非常好办了，即便是最复杂的问题也可以尝试用最简单的方式来陈述。而在针对侵权行为（torts）的诉讼当中，您也可以或多或少地使用特别诉答，这完全取决于您所选择的诉讼程式，当然，某些诉讼程式有时也会被强制采用。



因此，如果您的财产被拿走了，您可以向肇事者提起侵害之诉

(trespass)(就像你在自己的案件中所做的那样,格里盖特先生),31 您就会遇到最为严格的特别诉答程序;但是如果您提起动产侵占(trover)之诉,并且拟制出一个因您的货物偶然遗失所造成的无主状态,并宣称辩方当事人进而找到并且非法占有了您的财产;那么针对您所拟制出来的遗失以及找到财产的情节,辩方就可以提出否认,他还可以否认你所宣称的标的所有权状态,否认您所指控的非法占有,并且在此基础之上使用任何可能的辩护方式;又或者您更喜欢提起请求返还动产(detinue)之诉,然后拟制出一个将标的交付辩方当事人并委托其保管的情节(这个情节他也可以否认),您所获得的特别诉答的机会就要比提起动产侵占之诉时更多,但却比提起侵害之诉时要少。

如果您遭受了人身侵害,您无法依靠拟制出来的情节去摆脱特别抗辩的纠缠,除非您被迫提起侵害之诉,让辩方去做特别证明。如果您因为自己的领地被侵入而提起侵害之诉,无论侵入造成的损害有多么小,诉答都必须要在极其严格的程序下进行。但是如果您确实从自己的领地上被赶了出来,您就可以依靠一种虚拟的诉答模式来恢复您的权利,完全不必去触碰任何的特别诉答,这种模式称为“驱逐”(ejectment)。精通所谓诉讼科学的专家处心积虑地研究了几个世纪,这就是他们研究出来的结果。在对话当中,哈耶斯冷嘲热讽,其依据完全来自于萨里巴特男爵在新设郡法院的记录*。我看还是把有关克罗盖特案的这些记录原封不动

* 这里所说的郡法院建立于1847年,它们与古代的郡法院没有任何联系。他们的司法权被我们做了很大的扩充。——作者

地搬出来好了。

克罗盖特:“好的,好的,法官先生,我已经把整件事情看得非常清楚了。对一个坏东西而言,你越是对他修修补补,他就变得越坏;这就是你一直以来依靠你的新规则所干的事情。但是现在我想知道的一点是,是否存在这样的一种法庭,在那里,你审判或者干类似事情的时候可以不用特别诉答?”

萨里巴特:“哦,是的,由于部分群众毫无意义也毫无道理的抗
议,在很短的一段时间内,一些较低级别的法院曾经被要求倒回去 32
审理一些小额的债务和损害案件,案值在20镑以下,普通人也能够参与。在那种法庭的庭审程序里,特别诉答这种精致高雅的技艺就完全不用了。”

格里盖特:“但是,如果特别诉答是一个好东西,为什么在那些法院里就不用了呢?”

萨里巴特:“因为这种正统的诉答程式在时间和金钱的花费上都会引发一些问题,因为我们不能指望那种法院里的法官和律师能够真正地理解这套系统;更进一步说,克罗盖特先生,处理这种琐碎小案时,首要的目标是以最简单和最经济的方式来实现实质正义(substantial justice)*。”

* 在哈耶斯自己写的序言里有一段有关“实质正义”的注释,我们可不能把它漏掉了。“这种可爱的事物,它的典范,我们将在接下来的这个著名判决当中看到。”一个被告宣称他无力支付原告提出的赔偿,原告也承认这点,但他坚持主张,虽然被告自己没有偿付能力,但他有一个姨妈有,而法官采纳了这种观点,做出了一个针对这位姨妈的判决。据说这是郡法院的权威观点,在被引用的时候,它通常被称为“我姨妈案(My Aunt's Case)”。——作者

克罗盖特:“好的,恕我无知,我觉得审理大案时也应该带有和审理小案时一样的目标吧。而且,求你告诉我,在那种诉讼当中,你用怎样的一种程序代替了特别诉答?”

萨里巴特:“世界上最简单的程序。诉讼程式实际上就废弃不用了。原告给出一个简明的报表或者索赔通知,而被告的辩护词(如果这里他被认为应该作出辩护的话)就直接用大白话来表述,不受诉答技巧规则的约束。如果一方需要拿出更多的证据,那么法官就提出要求;又或者一方对案情表示惊诧,要求更多时间,那
33 么法官就视情况休庭一段时间。如果案情已经明了并且可以审理了,他就做出判决,事情就结束了。”

克罗盖特:“这就是答案?”

萨里巴特:“这种程序饱受抨击。实际上,当事人们对这种新设法庭是如此的满意,以至于遇到归我们管辖案件时,他们也会渴望去那种法院提起诉讼……说不定以后这个国家的绝大多数民事案件都会被转移到那种法庭里去审理,而高等法院也就人去楼空了,是否会出现这种局面还真是有待观察,如果这一切真的发生,那么很显然,这将是英格兰法律的灾难。”

接下来,萨里巴特议员对这些理论作了一番经典的展示,“首先,在什么时间才可以用‘因其自身过错,不存在其他原因’作答。第二,在什么时间不能用‘因其自身过错,不存在其他原因’作答。第三,在什么时间存在用‘因其自身过错,不存在其他原因’作答的可能性。第四,在什么时间不存在用‘因其自身过错,不存在其他原因’作答的可能性。第五,在什么时间,是否用‘因其自身过错,不存在其他原因’作答会变得难以确定。”但议员先生的嘴很快就

被堵住了，因为克罗盖特对《梅森、维斯比报告》[①]里的这些精细的差别毫无兴趣，他"带着极大的痛苦"拂袖而去，对话就这样结束了。在最后的独白当中，萨里巴特议员宣布了他自己的打算，他要找到威廉姆斯大律师[②]（"桑德斯报告"的编辑者），要和他讨论："实际可知"（virtute cujus）[③]是否可能被否认——这一问题相当高深，相当难懂。

有一点可能会让外行们感到奇怪，早在哈耶斯写作此书前一个世纪，某些人就已经察觉到了那些矫情的诉答所带来的危害，他们还试图对此有所补救。这种意图可以在布莱克斯通的文字当中

① 这里说的《梅森、维斯比报告》（*Meeson and Welsby*）以及后文所说的《桑德斯报告》（*Saunders' Reports*）都是《英格兰报告》（*English Report*）中的一部分。《英格兰报告》是英国法律人编定的一种案例集，共 178 卷（"梅森、维斯比报告"是其中的第 150 至 153 卷，"桑德斯报告"是第 85 卷），时间跨度从 1220 年一直持续到 1866 年。报告是非官方性的，其体例也各有不同。至 1866 年，英国政府成立"法律报告联合编辑委员会"（Incorporated Council of Law Reporting），统一了报告的编写，这种新的报告通称为《法律报告》（*Law Report*），而过去的《英格兰报告》有时也被当作是《法律报告》的一种。——译者

② 参与"桑德斯报告"编写的有两位威廉姆斯，他们是父子，父亲约翰·威廉姆斯（John Williams，1757—1810），是报告的原作者之一；儿子爱德华·威廉姆斯（Edward Williams，1797—1875），曾对报告进行过数次修订。哈耶斯在这里所说的应该是约翰·威廉姆斯，他身前曾任"国王大律师"（King's Serjeant）。——译者

③ virtute cujus：普通法术语。一般认为，诉答程序当中的抗辩（traverse）只能针对事实问题（matter of fact），不能针对法律问题（matter of law）。但诉讼进行到一半时，相应程式已经确定了一系列法律问题；而另一些问题，一方面它可以直接从已经确定的法律问题当中推出，但另一方面，这些问题同时又可能涉及事实判断。在提出这类问题时，必须首先按已经确定的法律问题进行推理，virtute cujus 就是推理结束时使用的术语。上述这类问题被看作是事实问题与法律问题的混合物，能否对其提出抗辩就成为了当时备受争论的一个问题。——译者

就可以看到，他向我们讲述了他所知道的那些司法实践，那些发生在 18 世纪的，充满智慧的做法。但在只言片语之中，我们又可以
34 感觉到，他非常隐晦地承认了存在的问题，并且还表达了歉意——“过去，很少有人会在案件的基本问题上展开诉答，除非一方当事人完全否认针对他的指控……但是特别诉答技术经常被引上邪路，人们利用它进行诡辩，利用它拖慢诉讼进程。近来，在某些情况下，法庭允许双方当事人在案件的基本问题上展开诉答，而立法机关将这种开放的范围进一步扩大：事实问题、法律问题、案件的衡平问题（equity of the case），一切都被开放了。”可是布莱克斯通又说，“我们发现，古代也曾出现过这种情况，严格的规则被大量地放宽”，但这在当时的司法实践当中并没有引发什么混乱*。

这没错，但是当布莱克斯通说“法庭允许双方当事人在案件的基本问题上展开诉答，而立法机关将这种开放的范围进一步扩大”时，他还没有意识到，一个麻烦之源马上就要产生了。18 世纪的前辈们既不愚蠢也不懒散。他们知道法律的外衣需要修补，而且他们也竭尽所能地进行了修补，这期间还要考虑到佛兰德斯的战役和詹姆士二世余党的叛乱。但这样的修补仅仅是打补丁，而且到头来，这些补丁还会造成更大的麻烦。

伴随着英国公共事务改革的潮流，法律上的改革也在东一块西一块地展开，这期间从来就没有过什么确定的计划。哪些问题最迫切、最严重，他们就解决哪些问题，同时又制造出一堆新的问

* 布莱克斯通（Bl.）：《普通法释义》（*Comm.*），第三章，第 305 页、第 306 页。——作者

题，每一次几乎都是如此。到 19 世纪上半叶，普通法诉答领域开始出现混乱，正如哈耶斯所看到的那样，这种混乱的局面比以往任何时候都要错综复杂。

英国法官们在 1834 年制定的那些新规则导致了灾难性的后果，在美国司法当中，我还没有听说有哪种庭审规则或者其他规则能够造成如此恶劣的影响，但我估计，类似的矛盾在美国大体上也还是普遍存在的，否则我们就很难解释那些现代程序法典的存在，纽约州就有这样的法典，在其他一些州也有。在真正的法典式诉 35
答以外，我们还可以看到一系列的变种：在佛蒙特州，存在着简单而且几乎是家法式的诉答程序，菲尔普斯先生[1]在多年前曾经向我描述过这种程序；马萨诸塞州的程序则要精巧得多，类似于 1852[*]—1875 年间，英国法庭按《普通法程序法》所乐于采用的那种程序。

此外还有一些法律程序，它们在另一些司法权当中独立存在着，在英格兰，他们与普通法程序长期和平共存，一直延续至今——对这些法律，我在此并不想说太多。威斯敏斯特[2]的实践者们是否从这些法律当中汲取过什么营养，这一点也很难说。在

① 爱德华·菲尔普斯（Edward John Phelps，1822—1900）：美国著名律师、政治家，美国律师协会的创建者之一，曾任美国财政部部长，曾作为外交官多次访问英国，与波洛克熟识。——译者

* 马萨诸塞州的司法改革也在同一时间展开，我估计，当时英、美两国的法律起草者对对方的工作都不知情，双方之间也不会有什么交流。——作者

② 威斯敏斯特（Westminster）是过去英国王室、政府的所在地，英国最重要的几个中央法院也都常驻于此。——译者

对法院职责的认识问题上，这些法律与普通法存在很大差别，他们的抱负比普通法要大得多。在他们看来，法庭有责任，至少是有权力去为自己查出真相之所在。这样的观念，与中世纪知识界所普遍认同的学术和思维习惯相差太大，因此，这些非主流法律并没能对普通法造成什么实质性影响，无论从何种程度而言都是如此。

我们的普通法女神并不是唯一的统治者，她有自己的伴侣，自己的政敌，可无论这些伴侣和政敌是谁，女神与他们的关系都显得相当冷淡。直到斯蒂芬的时代，与诉答相关的普通法专著（也包括斯蒂芬的作品在内）对衡平法院和海事法院依然很少提及。当然，通过另一些途径，普通法对其他法律还是施加了一定影响，但这些影响在衡平法程序当中并没有产生什么好结果。就像在别处一样，诡诈和拖沓的恶习在衡平法院和市民法院当中也轻易地找到了突破口。

这些法院始终抱着一种真挚的愿望，那就是建立一种完美的审判体制，对所有当事人和所有权益都给予完美的司法照顾，因
36 此，他们会为自己装扮出一个漂亮而虚伪的外表，同时又纵情于那些极度冗长的诉答和没完没了的口头重复，与判决相关的关键问题就那么几个，但诉讼进程却怎么也进入不到这几个问题上来。

这是一种真正意义上的古代传统：人们所追寻的，并非是一个最好、最完整的问题解决方案，而是一个权威性的判决，为了获得这样的一个判决，人们可以不顾一切——普通法的诉答程式业已衰落，但这种传统还在普通法中顽强地生存着。曾几何时，当事人被以各种各样的方法拖入到某些事实问题和法律问题当中，这些问题高度类型化、绝对化，人们必须在这些问题上相互对垒。那些未经改动的诉答，在它们灭亡前的最后日子里，依旧被当作是基本原则来对待，“我们无权质疑这些原则，它们是绝对可靠的”，这一点已经被法律界的先贤们重复了无数遍。

现代的事务导致了现代的矛盾，只要先贤们睁开眼睛看看，他们就会发现，他们的思想已经与现代矛盾的处理手法完全不搭调了——对这一点，先贤们自己或许也是心知肚明。萨里巴特男爵来自于司法技术领域，如果要他站到这个领域以外来看问题，这似乎也有些强人所难。但无论如何，他终将明白，案件的决定性争议点不可能始终都是明确、单一的，这些争议点也不一定都能符合诉讼程式的要求。原告要求被告履行义务或赔偿损失，被告则可能用一种很简短、很泛泛的语言表示拒绝，他声称自己并没作出过什么承诺(Non Assumpsit)，又或者声称自己是无罪的——这可能会在事实和法律问题上引发各式各样的争议，而这些争议都被“一股脑儿地”(at large)提交给陪审团去处理。这样的处理方式并没有什么异常，相反，它非常普遍，或许绝大多数案子都是这么办的。这样的处理方式也的确比较宽松，这会让那些所谓的理论家们感到震惊，但如果仅凭这一点就说法律的原则每天都在遭受践踏，那的确也有点大惊小怪。

对被告们来说，特殊诉答可谓利弊参半：一旦走进这个领域，37
他们就必须格外小心；可是另一方面，在这里，他们也可以对原告的诉讼请求予以笼统的拒绝，他们可以说“我什么都不承认，我就等着，看你能怎么办”，这样的证词是有效的，被告完全可以借此碰碰运气。在所有可以适用特殊诉答程序的案件中，是否启用这种

程序，这需要由当事人的法律顾问们来决定。他们之所以选择这种程序，主要是考虑到自己的利益，而不是什么诉答技术的对称性和一致性——这一点其实无需多言，除非我们说话的对象是对那些非常天真的新手。

在诉答领域当中设想出几条原则，然后按照这几条原则去做严格的逻辑推理，这样的做法在实践当中是无法被接受的，对形式主义的那一代人来说也是如此，可惜，没人敢于将这一点说出来，其实这就是所有事情的真相。人的亲身体验总是有限的，许多善良的人们都曾因为缺乏经验而疲于奔命，我们的普通法女神也是一样。那就让她去吃点儿亏吧，就让她的那些不肖弟子们——那些少见多怪、贪婪而且偶尔还会骗人的弟子们去折腾当事人吧，我们必须相信我们的女神，我们应该对此感到知足。毕竟，在任何时候，我们都需要警告，需要警醒。

# 第四章　闯入之敌

前面我们谈到了那些来自于普通法家庭内部的危险。与此同 38
时，外来的敌对势力也在发展，他们与普通法的冲突永无休止，我们必须对这样的冲突有所了解，之后我们才可能明白：中世纪及其后可能会出现怎样的救济，这些救济有着哪些局限，面临着哪些困难。

在外来的敌人当中，有一种人最为无耻，也最难对付，这些人在地方上拥有相当强大的势力，他们藐视中央权威，与法定司法机关和法定程序公然进行对抗。

长期以来，古代的统治者把维持秩序看成是一个非常重大的问题，这在今天看来似乎很难理解。的确，骚乱在任何地方都会存在，但在一个非常文明的司法环境当中，骚乱只是一种反常现象，顶多也就是一种反感情绪的宣泄而已。人们对某种意趣的强烈追求也许会和法律发生冲突；人们可能会为此投入大量的人力物力，造成巨大的麻烦。但人们对法律所能做的，不过也就是翻翻嘴皮子而已。人们的目标，就是尽可能地控制住国家机器，使其服务于自己的目的。诡诈和贿赂就是他们的武器，贿赂早已是臭名远扬，因此很难公开进行。恐吓也很少被使用，这不是出于良心上的不安，而是因为这样做会四处树敌、弊大于利。暴力是不可取的，人

们会尽量避免，除非有恰当的时机，可以按照法律上的自助(self-help)来进行。

39 但在英格兰，16世纪及其以前的情况可就不是这个样子了。在盎格鲁-撒克逊诸王的古法(dooms)当中，大人物们的违法行为，不仅被记载而且还占据了一个非常突出的位置。诺曼征服之后，王权得到增强，其影响范围也日益扩大，但某些个人依旧我行我素，操弄法律于股掌之间，对此，人们充满忧虑，谴责之声不绝于耳。离开法律的正当程序，自己动手维护自己的权利，这种行为理应受到惩处，毕竟，“无审判既无公正”[①]——这条原则源远流长，其必要性是我们的现代法律所无法想象的。在那些有关强占(disseisin)的普通法当中，在那些禁止非法侵入的成文法当中，我们都可以听到持续不断的谴责之声，这是一场真实而艰巨的斗争，而斗争的对象正是当时那种目无法纪的风气。

法律并非在任何时候都能获得发展。在一个强大君主的治下，很多罪行未被发现，因此也未受惩处，警察系统此时尚未成形，但民间的械斗的确是受到了抑制。尽管如此，叛乱的因子依

① 无审判既无公正(iniuste quia sine judicio)，这句话引申自布拉克顿的论述“财产权本身是正义的，但不经审判，强行夺回的行为却是不正义的”(Juste facie prima propter jus, sed iniuste propter iniuriam, quia sine judicio)。在布拉克顿的时代，自助行为(self-help)与司法审判的关系尚未理顺：假设某地产被他人所“强占”(disseise)，而后，该地产的合法占有人在不经司法审判的情况下又将该地产自行夺回——这种行为是否合法在当时存在较大争论。布拉克顿认为类似的私力救济是不合法的，地产的夺回必须按照司法程序来进行。参见：亨利·德·布拉克顿、威廉·梅特兰(Henry de Bracton, Frederic William Maitland)，《布拉克顿笔记：亨利三世判例汇编》(*Bracton's note book: a collection of cases decided in the King's Courts during the Reign of Henry the Third*)，第85—86页，剑桥大学出版社1887年版。——译者

旧存在着，控制一旦出现软弱的迹象，它就会猛烈地爆发出来。15 世纪中叶是一个充满了反动和混乱的年代，我们严肃的法律权威们对这一点却少有提及。对这个年代，有一个人好像是这样说的：一场规模巨大的派系火并，我们称之为“玫瑰战争”，此外，还有无数的私仇，他们规模虽小但却绵延不绝，它们来源于个人的贪婪与野心，而整个英格兰都被卷入到了这场混乱当中。

每一个人，只要他有一定的财产值得去保护，他就必须将自己置于某个强大领主的保护之下，如此一来，整个封建体制就发生了退化，它变得荒蛮粗俗，倒退回了墨洛温王朝时期的那种水平。暴力强占变得司空见惯，尽管如此，法律上的惩罚依旧存在，但那已经被当作一次军事行动来策划，来执行。乡绅们的房屋此时变成了防御工事，攻防大战不断上演，“用暴力和战争的方式来解决问题”(with strong hand in manner of war)，某些幸运儿还搞到了火

器，它们被安置在临时构筑的工事后面，射孔开得很低，非常隐蔽， 40
随时准备对来犯者开火射击。

在这种情况下，法律程序的确还在继续运行，没人去正式地取缔它们，但此时的陪审团正面临着贿赂和恐吓，他们一开始只是遭到驱赶，到了后来，没人再敢去起诉了，除非你的背后有一股强大的势力。“愿上帝能在今年赐给我们一个好的郡长(sheriff)”，这是一个天真而且遥不可及的梦想，但在一个庄园管家(steward)看来，当约克与兰开斯特家族间的平衡局面已经变得摇摇欲坠时，所谓好的郡长，就是能为管家的主人组织一个合适

陪审团的郡长*。

当时,类似的丑闻数量巨大、花样翻新,《帕斯顿信札》对其实情做了大量记载。约克和兰开斯特两派都认为自己才是王位的合法继承人,都以王位的合法性作为其行动依据,为此,福蒂斯丘和其他一些作家在文字上绕来绕去,煞费了一番苦心。但这并不能说明当时的英国人对法律就有着什么特别的尊重,也不能据此就说,争议双方希望用法律来解决问题。这一切只不过是中世纪政治辩论的一般样貌而已。

两大派系都不是无政府主义者,他们也不想发动什么社会革命,他们只是希望能够控制住这台业已成形的国家机器,并让它继续运转下去。为了实现这一目的,他们毫无顾忌地使用武力,同样地,他们在法律和道德上也不会有任何顾忌。

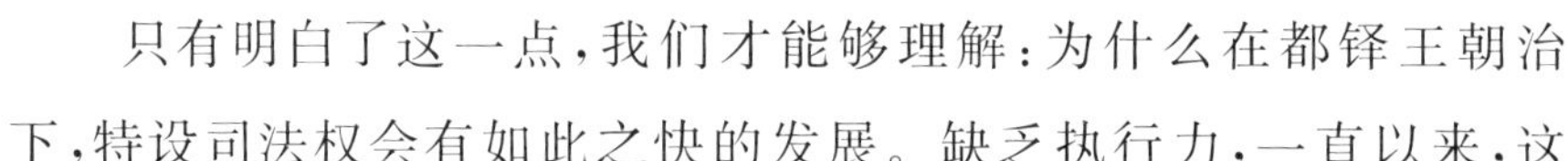

只有明白了这一点,我们才能够理解:为什么在都铎王朝治下,特设司法权会有如此之快的发展。缺乏执行力,一直以来,这

* 引自《帕斯顿信札》(*Paston Letters*),第420封信(第2编,第59、60节,1896年版)。这位管家自己面临着一次重罪的起诉,令人遗憾的是,审判一直被拖延,直到管家确定:"我已经打通关节,让郡长和陪审团按我的意思行事。"查尔斯·普卢莫先生,曾经对福蒂斯丘的《论英格兰的政制》做过一个书评(牛津,1885年),其中就对上述例子做了一番简短而精辟的评述。①——作者

① 《帕斯顿信札》:历史资料,帕斯顿家族在1422—1509年间的通信辑录,用古英语写成,1823年首版,该书篇幅浩大,编辑工作总共花费了85年才告完成。福蒂斯丘(John Fortescue,1394—1480)是英国著名律师、法官和法学家,《论英格兰的政制》(*The Governance of England*)是其代表作之一。查尔斯·普卢莫(Charles Plummer,1851—1927)是英国历史学家,他对《论英格兰的政制》做了详细的注释解读,书名也叫《论英格兰的政制》,又名《绝对君主制和有限君主制的区别》(*The difference between an absolute and a limited monarchy*)。——译者

都是普通法的弱点所在。在亨利七世结束王朝战争之后，要想永久性的压制派系斗争，就必须采取更为强硬的手段。御前大臣(Chancellor)在私法(private law)事务中所干的那些事情，如今被国王咨议会(King's Council)搬到了"星室"(Star Chamber)①里，搬到了特殊的帕拉丁领地(palatine)②，搬到了尚待开发的各种司法领域当中。托马斯·史密斯爵士③告诉我们："英格兰北部的贵族和乡绅们傲慢无礼，他们远离国王和国王法庭的所在地，他们视相互火并为平常之事"；培根也同样说过，当时之所以要建立这样的司法，一个主要原因就是要"维护大人物们的利益，巩固大人物们的领导地位"。对16世纪的那套传统的治国之术，除开史密斯和培根，我们恐怕再也找不到几个合格的见证者了。 41

与此同时，那些罗马化了的学者和政论家们正在酝酿着一场底蕴深厚的知识运动，这场运动与建立强大政府的现实需要结合在一起，共同站到了普通法的对立面上。梅特兰在他漂亮的短文当中为此提供了佐证，这篇短文名叫"英格兰的法律与文艺复兴"(English Law and the Renaissance)——之所以说它"漂亮"，是因



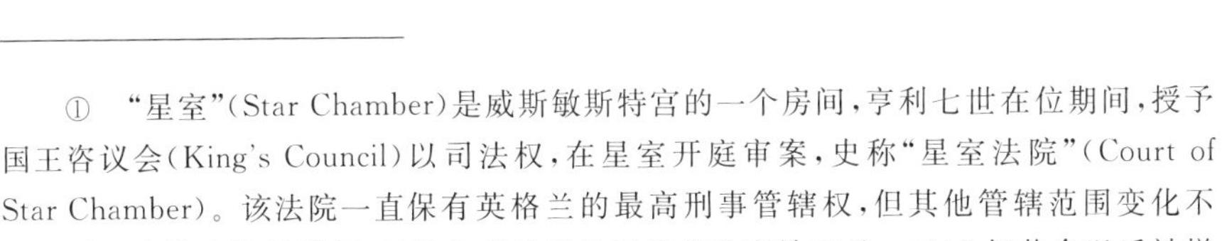

① "星室"(Star Chamber)是威斯敏斯特宫的一个房间，亨利七世在位期间，授予国王咨议会(King's Council)以司法权，在星室开庭审案，史称"星室法院"(Court of Star Chamber)。该法院一直保有英格兰的最高刑事管辖权，但其他管辖范围变化不定。其程序较为简单随便，被认为是贯彻绝对王权的有效工具。1640年革命以后被撤销。——译者

② 帕拉丁领地(palatine)：本意是指罗马皇帝的贴身卫队。在英国，这个词主要指国王的直属领地。在历史上，国王曾经授权某些贵族管理帕拉丁领地，这些贵族因此在这块领地内成为了国王的代理人，拥有相当于国王的权威。——译者

③ 托马斯·史密斯(Sir Thomas Smith，1513—1577)：英国政治家，学者，著有《英格兰共和国》(*De Republica Anglorum*)。——译者

为其中的论述非常详实可靠。

到16世纪中叶，情况已经变得十分危急；一位外国的观察家甚至乐观地估计，衡平法院（当时的衡平法院还没有被官方确定为一个常设法院）也会被很容易地拉近反对普通法的大联盟当中。这个预言虽然被证明是错误的，但也并非完全没有道理。在16世纪的最后二十五年里，衡平法的管辖范围获得了稳定的扩张，而与此同时，威斯敏斯特的朝廷也经历了一次大规模的复兴，王权对它在历史上的权威和准则有着清晰的认识，它为此而骄傲，这正是它复兴的基础之所在。

但博古式的法学是好战的、耀武扬威的，《法律汇编》（*Abridgments*）的编辑者和《法律年鉴》的刊印者为它提供了武器，而爱德
42 华·柯克爵士（Sir Edward Coke）就是使用这些武器的斗士；在宪法权利之战中，年轻一代操起了同样的武器，他们和查理一世奋勇战斗，活跃而勇敢的柯克此时就成为了他们心目中的偶像。



两代人经历了两场争斗，但实际上，这两场争斗对最后的历史结果都没有产生什么重大影响，它们都没有切中当时的关键问题所在。博古式的法学的确经历了一次复兴，但驱动这次复兴的动力不仅是专业知识，更是全民性的反抗，这一点或许不易被看清，但却很难被隐瞒。

就这样，一个危险而充满非难的时期到来了，我们的女神遭受到了所有人的贬损。各种势力使用各种方法，不断蚕食普通法的管辖领域，这其间，又以政府显得最为积极。但这并不意味着官僚体制和政府管制在英格兰已经过度膨胀，毕竟，在此之前，在世俗事务当中，普通法的基本结构已经相当稳固了，即使在16世纪的人们看来，这一点也确定无疑。

与此同时，执法机构（executive）在表面上已经获得了很大权力，但它处理一般事务的能力还显得十分不足，手段单一，效果也不算很好。但公众只会接受合法的管理者，因此国王就必须设法建立一个庞大的官僚队伍。但都铎王朝的君主和大臣们却并没有这样的打算，他们试图通过简单的独断专行来解决问题。这样一来，统治就变得高度的特权化了，他们声称，在某些问题上，立法可以通过公告来进行，这样的做法过于自负，引发很大争议。而类似的问题日积月累，终于在斯图亚特王朝时期失去了控制。

这期间，唯有查理二世还比较务实，他老于世故，非常聪明——哪些事情能干，哪些事情不能干，他的作为实际上为统治者们划出了一条明智的界线。一边是政府的合法性及其基本原则，一边是行政活动的效率，在现代的英格兰，两者的冲突主要依靠议 43
会来调和，从法律上讲，议会是万能的，它代表着人民的意志，而且这种代表的方式与过去的政府相比已经发生了很大变化，这种方式传自于议会的祖先，传自于三个世纪以前。

历史悠久且备受尊敬的治安法官制度也是依据其自身的法律而存在的，如果还记得这点，我们就基本上可以宣称：所有重要的执法行为（这种重要性主要体现在国内事务当中），现在都置之于各种法定权限的控制之下了。但议会有时也会犯糊涂，在立法时，他们的顾问总是一群固定的官僚，而这群官僚总是习惯于从技术角度思考问题。于是这样一种情况就不断蔓延开来：尽管有宪法传统和其他约束，但议会却总是将大权委托给某些官员去执行。这些官员来自于某个重要的国家机关，但对议会委托的工作，他们有时却很难胜任。议会授予的权力往往带有很大的自由裁量性，很多时候，这种权力其实就相当于一种实质上的司法权。

如此一来，就出现了很多的抱怨之声，这些抱怨实际上和党派政治无关。当然，借助控制议会之机，制定法律，侵占常规司法权的管辖范围，朝野两党对这种勾当都可谓是乐此不疲。一个党在自己当政时会制造出大量法案，再次当政之后，他们又会设法让这些法案卷土重来。这是政党政治的天性。

类似的情况在美国也存在，弗吉尼亚的圣乔治·塔克先生[①]在他掌管美国律师协会期间就曾对此做过很多记载。舞毒蛾和褐尾毒蛾造成的灾难也是一个我们必须考虑的例子，它说明，只有在最为紧急的情况下，马萨诸塞州的那种行政性立法才可能具有正当性[②]。

① 圣乔治·塔克(St. George Tucker，1853—1932)，准确地说是亨利·圣乔治·塔克三世(Henry St. George Tucker Ⅲ)，美国律师、法学家，曾任美国律师协会主席，并曾代表弗吉尼亚州出任美国国会众议院议员。他来自于美国法律界著名的塔克家族，其祖父和叔父也叫“圣乔治·塔克”，二人都出任过弗吉尼亚州最高法院法官。——译者

② 舞毒蛾(gipsy moth)和褐尾毒蛾(brown-tailed moth)是原产于欧洲的两种害虫，19世纪中叶以后对美国农业造成了严重损害。虫害在美国四处蔓延，但各州在防治虫害时各自为战、互无配合，这迫切需要建立一个全国性的病虫害防治机构。但建立类似机构在美国宪法上找不到依据，国会辩论因此持续了数年，到1897年，国会终于立法建立“防治害虫与植物灾害全国大会”(National Convention for the Suppression of Insect Pests and Plant Diseases by Legislation)，授予该机构很大权力，该机构在成立不久就通过决议，向虫害严重的马萨诸塞州提供财政和技术援助。在美国联邦宪法的框架之下，类似的举措在当时还非常罕见。——译者

回到更早的历史当中，我们其实可以将国王本人看作是一个最高级别国家官员——在普通法的幼年时代，他是普通法最为重要的捍卫者，他的位置无可替代。国王运用自己的权威，为统一司法权的执行提供了充足的手段和方法；反过来，那些拥有特权的人 44
们，那些拥有个人司法权的领主们，他们会感到自己的权利受到了威胁，他们会将这场改革看作是一种不祥之兆，看作是恣意专断对古代风俗的侵犯，于是那种史前的反抗精神就复兴了，他们抵制司法上的任何自由裁量权。

这期间我们要注意区分两种情况：其一是增加诉讼程序的门类，但这些门类对所有人都开放；其二是从一般程序当中抽出一部分特例，或者不让一般程序控制审判结果。两者之间其实存在很大差别。但大众凭直觉却很难将两者区分开来，也没有谁引导他们去做这样的区分；于是过去的特权垄断者们就打着维护个人自由的旗号四处叫嚷。

在 13 世纪，男爵们的主要不满在于：文秘署（Chancery）里的书记官们，试图创造出一些新的令状，以此来扩大皇室司法的管辖范围。《牛津条例》（*the Provisions of Oxford*）（1257—1258 年）迫使御前大臣作出承诺，不经国王及其咨议会（council）的批准，文秘署不得在一般名目之外签发新的令状。晚些时候出现的《威斯敏斯特条例》（*Statute of Westminster*）（1275 年）对皇室法院管辖的案件范围作了精确地界定，从此以后，那种简单的扩张运动停止了，超前的思想和顽固的古代传统在这个问题上达成了妥协。

当时，人们认为司法管辖问题上存在着恣意专断的危险，这一点也的确不是危言耸听。直到 1313 年，我们还可以看到这样的情况：国王命令，巡查法官可以公开宣布自己对某一方当事人的个人意见，据说这样做是为了加快巡查工作的进程；更有甚者，在某个案例当中，法律顾问们指出，按照规范巡查工作的相关法律，本次诉讼所依据的令状已经过期，因此法庭没有本案的管辖权，对这样
45 的意见，法官居然置若罔闻。对此，王室法律顾问们所能给出的唯一解释是：法官不能质疑国王的权威，因此，如果有必要对法律规定进行曲解，那么法官们也只能这么做。“我们必须将国王下达的命令推定为大咨议会（General Council）的命令”*。

国王会很自然地认为：他在自己的法庭上可以想怎么干就怎么干，但他的法官们却不行。但在经历了进一步的实践之后，国王才会明白：王室司法被看作是不可动摇的最高意志，任何人都不能违背这一意志，执法者们不能，国王自己也不能，而这正是王室司法的信誉所在。

在今天的英格兰，我们将大量的规则制定权委托给法官去执行。这样一来，要弄懂革命前的司法权限就变得更加困难了。在那时的法庭上，普通程序不断地受到干扰，但国王的某些特殊权力却并没有因此而受到影响——这些权力一部分是国王所特设的；另一部分则是剩余的、无主的。在这些特殊问题上，直到17世纪，

---

* “对国王下达的命令，我们不能违抗，我们必须将其理解为大咨议会的命令”（Qant le Roy maunde deit home supposer qe ceo soit per comune consail. Et dautre part home ne deit mye contrepleder le fait le Roy）引自《肯特的巡查法院》，第六编或第七编，第二辑，selden Soc出版，1910年，第83、161、176页。国王的信件（在第158页）宣称，他仅仅是希望“依从我们王国和法庭的法律与习俗”（selont la ley et lusage de nostre Roiaume et le cours del eire），但是同时也承认“我们应当顺从国王的意愿”（nous avoms ses bosoignes molt a cuer）。——作者

普通的司法手段依然难有作为。稍后，又出现了一套权威理论，这套理论从某种科学的角度，非常主观地认为：衡平法院在其建立过程中已经继受了王室的一切权力与职责，而星室法院（更确切地说是星室中的国王咨议会的管辖权）只有在成文法规定或确认的情况下才具有合法性。

有一点起码是明确的：国王不能自证其命令的合法性，也不能
为未经国法授权的行为进行开脱，否则没人再会去理睬他的命令。
这是最重要的一条原则，它已经被当代的英格兰宪法学家们放到
了一个非常突出的位置上。国王本人尚且很难从笼统的王权中寻 46
求保护，其下属就更不必说了。

治安官要对国王的臣民们负责，在执法过程中，即便他的错误是出于最善意的考虑，他也必须对此承担责任，哪怕在遥远的古代也是如此。后来相应的范围不断扩展，治安官副手及其下属的非个人行为也被包含了进来。我们将这一基本原则称之为“雇主责任”[1]，它适用于王室及其家族之外，治安官及其下属的责任就是这一原则的最早范例。

在现代社会当中，法律和法律秩序还有一些公开的敌人，接下来，我们将对这些敌人做一番考察。我所说的并不是那些通常意义上的罪犯，这些人并不想颠覆整个法律制度，他们之所以违法，只是希望能满足自己的特定利益，为此，他们只是在相应的特殊问

① 雇主责任（respondeat superior）：直译为“让你的主人来回话”，指雇主对雇员在职务范围内和执行职务过程中的行为应承担责任。——译者

题上对法律有所规避而已。此外还有一些人，与其说他们污蔑法律，不如说他们污蔑法律职业，对这些人我们也不必太在意。他们的诽谤极为粗鄙，其内容已经遭到了英国学者的充分反驳，这些学者有的是法律专业人士，有的则不是。这项工作从约翰逊博士(Dr. Johnson)开始(我在此要向他表示哀悼)，到我的朋友伯明翰的肖维尔·罗格(Showell Rogers)手中才告完成[*]。在我们这个国家，职业道德问题已经经历了非常深刻的讨论和阐释，在这个问题上，我们没必要再浪费时间。

可以说，和其他神圣职业的从业者一样，美国和英国的律师也有着高尚的职业准则，这些准则有的是成文的，有的则不是，但从总体上看，它们都得到了良好的贯彻与遵行。极少有律师背弃当事人的信任，在实践当中，这种事情基本就没听说过。为了荣誉，在遵守基本纪律这一问题上，三大知识职业[①]的从业者们从来都是严于律己，绝不甘于人后。



但是，在处理当事人的财产时，懒惰乃至欺骗的情况却总是存
47 在的，这一点令人遗憾。不过，我敢说，在如此大的诱惑面前，律师
界出现问题的机率比别的行业恐怕还是要小一些吧。

除开真正意义上的贪污腐败之外，专业知识的滥用只有一种情况，那就是鼓励当事人多提诉讼请求，这些请求往往带有投机

---

* 见“律师的道德规范”(The Ethics of Advocacy)，《法律评论季刊》(L. Q. R.)，第15期，第259页。——作者

① 三大知识职业(the three learned faculties)：传统上，在英语国家，医生、律师和神职人员这三种职业被称为“知识职业”(the learned professions)，这三种职业同时也被视为一种较高的社会地位的象征。这三种职业都拥有自己的行业自治组织，等级森严，在其中供职必须经历一个漫长的等级提升过程。——译者

性,很难做实,提出它们的目的只是增加收费而已。这种勾当经常出现,做起来也不难。但仔细观察,我们会发现,人们之所以会在毫无胜诉希望的诉因上纠缠不休,主要是由于当事人自己的固执,而不是因为律师动了什么手脚;经验还告诉我们,比起当事人自己,律师们的积极性和认真精神一点也不差。

尽管这其间的确存在着一些弊端,但与这些弊端同时存在着的,还有简洁而理性的程序设计,以及坚定而有效的自由裁量权,这一切又反过来对上述弊端起到了很大的抑制作用。这些弊端是无法彻底根除的,除非从诉讼一开始就授予法庭以某种主动调查的功能,可是,在说英语的人们看来,这样的做法无异于饮鸩止渴。我们的普通法女神可以在衣服上缝缝补补,也可以不时地对自己的衣着风格做一些适当的修改;但如果一件奇装异服搞得她的朋友们都认不出她是谁了,那她说什么也不会穿上这件衣服。

一般而言,只要说起人们对法律的抱怨,就一定会提到那些败诉的当事人,只要在某个诉因上败诉,人们就会倾向于认为,法律是不公正的,或者律师是不称职的;可是,只要有人争讼,就会有人败诉,看来这样的抱怨也只有让它大量地存在下去了。但更为微妙也更为麻烦的一点是,这种抱怨与另一些意志混合在了一起,这其间既包括纯粹的个人旨趣,也包括一些值得我们尊重的动机,此外,当事人还可能来自于某个群体(某个行业或阶级),一旦司法审判拒绝这个群体的要求,上述混杂的意志就可能会使人们感到失望,而这种失望又会导致他们厌恶法律。法律所要考虑的,必定是

48 整个社会共同的福祉，这就需要对个别的欲望有所限制，这种欲望可能来自某个个人，也可能来自于某个群体。

在人类追寻正义的过程当中，错误总是难以避免的。某些人，他们的事业在所有人看来都是公正的；而另一些人，他们大声疾呼，为的是一己之利，为的是自己能够逃脱法律的处罚——对此，我们不能急急忙忙地将二者等同起来看待。的确，这类矛盾当中包含着各种社会思想与经济思想的相互冲突，而在法庭上，旧一代的思想总是会占据一定优势。但这其中，究竟哪种思想更为正确，哪种思想包含了更多的真理，对此，我们也不能妄下结论。

顽固的教条会让人暂时变得不识时务，另一方面，新生事物又希望在主流社会当中证明自己，这样一来，创新所导致的冲突就很有可能会突破旧有的合法性限度。在后文当中，我将对这个问题进行再一次的阐述，当然，角度会有所不同。



相对于纯粹的普通法司法进程而言，成文立法所引发的阶级怨恨要强烈得多，这一点毫无疑问。社会与经济的巨变引发了一系列新问题，而自“劳工条例”[①]以后，大量的成文立法为这些新问题开出了药方，而法庭也被迫按这些药方行事。这些药方，无论是对是错，都源于当时的某种社会经济思想，这些思想盛行于占统治地位的阶级或利益集团当中。和其他公民一样，律师们也不是这

① 劳工条例(Statute of Labourers)：英国政府于1349年颁布，时值黑死病流行，劳动力缺乏，工资飞涨，该条例对各种职业的工资上限进行了限制，实施强制劳动，禁止工人自由迁徙，并特设“劳工法官”(Justice of Laboures)专司此法。——译者

个统治集团的成员。他们只是一群法律专家,但他们所面对的,却是一场实质上的社会性立法,对这样的立法,他们负不起主要责任。他们所希望的,只是建立起一套精巧的法律程序,而这套程序所取得的成功也非常有限,立法的推动者们对这套程序熟视无睹——为了党派利益,这些人急着让法案获得通过,在这场虚华的 49
运动面前,一切的错误都被忽略不计了。

当时的确有一批律师们对立法者抱有特殊的偏爱,以至于某些正统学者开始倾向于认为:立法是法律的天敌。就在前不久,纽约的卡特先生又走上了爱德华·柯克的老路(面对一个畸形且毫无根据的立法方案,卡特先生极力反对,他的意见从总体上看是合理的,尽管其中的某些理由显得比较偏激)[①]。我们当中的大部分人都没那么偏激——不分时间、地点、宪法手段和其他环境,只是一味宣称:成文立法愚蠢之处较多,而明智之处较少;这样的认识实在太过轻率。

法律改革大多还是出于善意,这些改革数量众多,其间也不乏远大抱负,可是某些人不分青红皂白,一律认为:所有的法律改革都无法取得彻底成功,既不能改善法律,也不能获得美名——这样的观点就不能仅仅只用"轻率"来形容了。

就拿13世纪以后的那一系列不动产立法来说吧,这些法律在英格兰大多都获得了充分认可。我想,其中有两部法律还获得了

① 1895年8月27日,美国律师协会在底特律召开年度代表大会,时任主席詹姆斯·卡特(James Carter)在发言当中对联邦和各州的立法和执法情况进行了全面回顾和评论,对其中的某些法案和执法机关进行了猛烈抨击,言辞极为激烈,轰动一时。——译者

全面的肯定，一部出现较早，一部出现较晚。

较早的那一部就是“封地买卖法”(Quia Emptores)，它废除了“次级分封”(subinfeudation)[①]——也就是在最终领主和实际的“自由地产保有人”[*](freeholder)之间，创设新领地和新“保有权”(tenures)的行为。这说明，在英国法当中，“封建”(feudalism)并不是一个实际运作的理论体系。

在此，我们还应该注意到威廉·佩恩[③]在1681年获得的特许证(charter)，特许证当中包含了大量只有国王才能享有的特权(franchises)，其中就包括一项对“封地买卖法”的豁免权。直到今天，在
50 宾夕法尼亚州，在“自由继承地产权”发生转移时，租役金(rent)还

① 次级分封(subinfeudation)：封臣将自己通过分封所得的土地再次分封给他人，这种分封必须通过“臣服礼”来进行。“封地买卖法”(the statute of Quia Emptores)是爱德华一世于1289年颁布的一项法律，该法允许非直属封臣转让自己保有的土地，但同时规定，受买人或受让人取得土地后不是向受让人效忠，而是向出让人的领主效忠。换句话说，受让人不是出让人的封臣，而是出让人的领主的封臣。这在事实上就取消了“次级分封”(subinfeudation)，使封臣之下不再产生新的封臣，从而保证了领主对封地的控制及其所享有的附属权益。——译者

* 从严格意义上来讲，这里的“自由地产保有人”必须拥有“自由继承地产权”(fee simple)[②]；但实际运作当中，这种限制却并不存在。——作者

② “自由继承地产权”：国内也译为“非限嗣自由地产权”这种地产权的继承人不限于长子或其他特定继承人，直系、旁系亲属和其他受遗赠人均可享有。——译者

③ 威廉·佩恩(William Penn，1644—1718)：北美殖民地重要的政治家、社会活动家，宾夕法尼亚殖民地的创建者，贵格(Quaker)教派领袖。佩恩出身自英国一个显赫的贵族家庭，年轻时皈依贵格教。1681年，英王查理二世将北美殖民地一块很大的土地封赐给他(据说是为了偿还积欠佩恩家族的债务)，这块殖民地后来就发展为宾夕法尼亚州。佩恩在殖民地领导了大规模的社会改革运动，他实行普选，倡导建立自治性政府，提倡彻底的宗教宽容，这在17世纪时显得非常超前。他的理念对宾夕法尼亚州以及美国其他各州产生了深刻的影响。美国人至今将其作为美国精神的开创者和早期践行者之一。——译者

必须要为出让人保留，这就是上述豁免权造成的结果*①。同样，我们的苏格兰邻居在从事现代不动产买卖时也遵循着这样的原则，从逻辑上看，这一原则其实具有很强的封建色彩。

尽管有上述例外，"封地买卖法"依然可谓是一部杰出的立法，相对于现代那些最有效的立法手段而言，它出现的时间更早，而且出现之后就没人再想去修改它，至少在英格兰是如此。

较晚出现的那一部法律，通常因为王室监护法院（wards and liveries）的事情而被提起，这部法律出现在查理二世复辟之后不久，他废除了"军事采邑保有权"（military tenures）及其附属权利②。这

* 宾夕法尼亚法律当中的这些难题，似乎完全是历史遗留下来的，没有什么现代的决策能为其提供支撑，参见格雷论永续年金（Gray on Perpetuities），第 26 页。——作者

① 普通法上的地产权理论是商品买卖关系和封建分封关系的混合物。很多土地一开始都是"封地"（feud），要获得"封地"就必须向上级领主行臣服礼（homage）。领主对"封地"的权利称为"保有权"（tenure），土地上的"仆臣"（vassal）必须向领主缴纳"租役金"（rent-service），"保有权"在谁手里，"租役金"就交到谁手里。后来，随着商品经济的发展，某些领主开始将土地出卖，受买人未向上级领主行臣服礼，因此无法获得相应土地的"保有权"，他所能获得的最多只能是一种"完全保有地产权"（freehold estate）。为了获得"保有权"，受买人就向土地出让人（也就是拥有"保有权"的领主）行臣服礼，这样出让人就成了受买人的上级领主（这就是前文所说的"次级分封"），受买人也就通过臣服礼获得了"保有权"，相应地，他也就获得了收取"租役金"的权利。1289 年"封地买卖法"颁布后，"次级分封"被废除，受买人不可能再获得"保有权"，因此也就不用再缴纳"租役金"。可是到了 1681 年，"封地买卖法"在宾夕法尼亚又失效了，于是"仆臣"又必须向所谓"领主"缴纳"租役金"，只不过这时封建关系早已解体，"仆臣"变成了土地的实际使用人，而"租役金"也就变成了一般认为的"租金"（rent），而"领主"也就是该土地的最初合法所有权人。——译者

② 这里指的应当是 1660 年的"保有权废除法"（Tenures Abolition Act），这部法律废除了包括"军事采邑保有权"在内的多种保有权，同时被废除的还有王室监护法院（Court of wards and liveries）。以各种"保有权"为代表的封建土地关系，在 1640 年开始的革命中已被废除殆尽，大量的土地被重新分配。复辟之后，如果恢复革命前的法制，很多土地就面临被原所有人追回的危险，而"保有权废除法"恰恰消除了这种可能性。一般认为，这部法律是查理二世为复辟而换取议会谅解的筹码。——译者

实际上是对共和国时期工作的重复。面对法律上的批评意见，这部法律并没有躲闪，他所做的事情在当时是急需的，而且这样的事情仅此一次，下不为例。

在以上两部伟大的法律之间，还存在着两部不那么伟大的法律：

其一是“附条件赠与法”(De Donis)，这部13世纪的法律宣称要让附条件继承(entails)万世永存。这遭到了律师们的反对，他们想尽办法，帮助当事人规避这项法律。这些当事人很多都来自于社会的中间阶层，而这个阶层当时正在不断崛起。

其二是“用益法”(Statute of Uses)，这部16世纪的法律制定得非常仓促，它本应对保有及产权转让的法律有所简化，结果却弄出了一套难以操作的制度，让情况变得愈加混乱。

以上是立法干预法律的两个失败范例，在我看来，它们很能说明问题。英格兰那多杂繁琐的土地交易制度已经造成了严重的不便，这种不便在普通法的其他领域也有或多或少的反映，我相信，这是学习我国法律史的学生们几乎都会遇到的一个独特的难题。

我承认，我也不知道是谁制定了“用益法”；我不知道这部法律
51 的立法初衷究竟是什么，是保证国王的财政收入呢，还是有什么更进一步的想法；我也不知道是否有人对这个问题进行过专门研究。对美国和澳大利亚的年轻学者们来说，这一定会是一个非常有趣的研究领域，对我们这代人来说也是如此。未来，也许会有几位通晓历史的博学律师，他们可能来自于澳大利亚，可能来自于大西洋之滨，也可能来自于加拿大腹地，他们会为我们解答这些问题，如果我们这代人能够活到那一天，我们一定会向他表示热烈的欢迎。

在19世纪，英格兰和美国都制定了不动产法典，两部法典的水平大致相当。有人肯定会说，英格兰的那部法典只是取得了部分成功，的确，它简化了程序、统一了诉讼程式，还凑合着做了一些小修小补，但这都无法触及问题的根本。在少数情况下，该法典当中的某些部分被委托给一些专家去起草*，这些专家是相关领域真正的高手，他们才思敏捷，手段高超。

很多现代理论家（有的是政治学家，有的是经济学家）对特定制度及其存在形式充满了敌意；这些人对相关制度大加谴责，为了佐证自己的观点，他们很容易就会滑向一个极端——质疑法律本身存在的必要性。就社会主义而言，它当然有很多缺点，我们完全可以加以批判，但到最后我们会发现，其中最值得批判的部分其实是它所宣扬的唯信仰论或者法律无用论（antinomian）。

与现有的其他文明政体相比，社会主义方案当中包含的法律强制一点也没减少，此外，它还要在法律的各个方面贯彻一系列新思想、新主张，这其中包括新的法律规定，也包括新的社会道德准



* 废除“协议诉讼”（Fines）和“限嗣继承阻却诉讼”（Recoveries）的法案就是由布罗迪先生（Mr. Brodie）起草的，这是一种典型的委托立法。——作者[①]

① 这里所说的应该是1833年制定的“拟诉弃权法”（Fines and Recoveries Act）：这里说的Fines不是指酬金，Recoveries也不是追回款，这是两种特殊的拟制诉讼。诉讼的双方就是不动产买卖的双方，他们之间毫无争议，之所以要提起诉讼只是想要利用法院判决，避开不动产法上那些繁琐的规定，让地产上的权利得到快速合法的转让。这其实就是一种变相的房地产权利登记。以“协议诉讼”（Fines）为例，它要求不动产的买房控告卖方违约，然后法院将相应土地以赔偿为名判给买方，其实买卖双方并无合同争议，法院对此也心知肚明。类似的拟制诉讼规避了束缚土地的种种封建义务，有利于交易的进行和经济的发展，但它让不动产交易程序变得异常复杂，因此后来终被废除。——译者

则。可以想见的是，在这种观念治下，私法将被牺牲，而公法或者
52 社会性立法的作用将被放大，个人的选择权将被国家的控制所替代，人们生活的各个方面都将受到国家的引导——目前，这种情况正在被容忍，甚至被鼓励。

在这种语境下，罢工的性质就变了：它被看成了挑战公共权威的叛乱行为；而在此之前，那不过就是市民个人组织的集会而已，集会依据的是市民们的个人权利，而集会所要表达的也仅仅是市民们的个人观点。这样的治理方式你也许会喜欢，也许会不喜欢，但如果说，你要在脱离法律的情况下去实现社会的有效管理，那就纯属是无稽之谈了。

在此，我们要提到几个人物，他们自称或被别人称作是社会主义者，实则是无政府主义者。威廉·莫里斯[1]算一个，他的主张在《乌有乡消息》当中表露无遗，此书用我们自己的语言描述了一个和平的无政府世界[*]，非常讨人喜欢。在莫里斯的幻想当中，英格兰重生了，这里不再有上级或同级的管制，一切都用民主的方式来决定，执行权也不复存在了；首都不可能被用于所有人民共同的福祉，所以拥有首都的国家也消失了，首都被分散到了许多小的自治社区当中，那里的人民通过全体一致的方式来决定它的作用。

① 威廉·莫里斯(William Morris，1834—1896)：英国家喻户晓的伟大艺术家，兼有诗人、作家、画家、工艺美术学家和空想社会主义者等多种头衔，在上述各方面都取得了很大成就。《乌有乡消息》(*News from Nowhere*)是他在晚年创作的一部空想社会主义小说。——译者

* 其他类似的著作我在这里就不再累述了，大学教师们对这些著作应该是面面俱到，但据我所知，还没有哪门课可以教教治安官，告诉他们应该干些什么，也没有哪个系被要求开设这样的课程。——作者

所谓社会主义者较为关心的问题是：怎样的法律更有利于他们去践行自己的经济理想。但这个问题对在座诸位却并没有那么重要。无政府主义提出的问题更加离奇，如果莫里斯或者托尔斯泰的乌托邦真的出现，且真如他们所说，干净彻底地消灭了法律，
那么，这里唯一的司法救济也要分裂成很多小机构，每一小机构都 53
拥有其独特的属性，都只能在一个最小的社会单位发挥效力——这些社会单位必须足够的小，一直小到可以自给自足、永存不灭为止。莫里斯国或者托尔斯泰国的国民们会喜欢这样的司法救济吗？

一个最基层的社会单位，无论它是大是小，它一定被某种力量所维持着，这种力量必定处于单位成员的个人意志之外；那是一种习惯性的强制力，它是自治的，有着一定的约束力，适用于一个明确的独立人群——很像是我们所说的习惯法（customary law）。这样的一个社会单位之所以可以用“无政府”来命名，是因为这里找不到一个正式的法庭，或者说类似的“机构名称”（names of office），这里的人们也没有这样的概念，而这些机构又恰恰被边沁当作是政府建立的决定性标志。

有人怀疑，如果这个社会真的变成了一个唯信仰论的世界，那会是一幅什么景象呢？——一个个规模很小而且极不稳定的群体，他们始终处于自相残杀的战争状态当中，就像是霍布斯所说的自然状态。这样的情况是威廉·莫里斯所无法预期的，托尔斯泰和尚健在的克鲁泡特金亲王也无法预期，这些人根本没有将上述情况纳入他们的思考范围，他们所热衷的，只是将人类划分为各种群体，然后再去寻找这些群体的实质内涵。

换个角度来讲，如果所有的这些乌托邦都同意将自己置于某

种习惯(custom)的支配之下,那么这些习惯也就不再被看作是他人强加的了,和乌托邦内的其他生活规则一样,这些习惯也就成为了全体一致作出的神圣结论。对此,威廉·莫里斯肯定也有过一番深思熟虑。我们基本可以这样说:在一个共同体当中,如果人们认为法官和治安官都不再被需要了,如果每个人都清楚自己应该怎样看待他人——这个社会绝不是没有法律,恰好相反,法律一定在这个社会当中得到了完美的运行。

《乌有乡消息》当中那种质朴而醉人的美感将很多问题巧妙地掩盖起来,我们追寻着它,但一不小心就会走火入魔。当然了,在
54 某种特定的环境下,这样的一个社会方案说不定也能够得到完美的实现。

有人问:普通法是个人主义的,还是社会主义的呢?这样的问题毫无意义,对此我只能回答:都是,又都不是。普通法对社会主义的某些观点并不赞同,包括当下那些最时髦的观点;普通法会捍卫个人的权利和选择权,而且是坚定地捍卫。借用我的朋友——菲尔普斯先生在多年前说过的一句话:普通法会竭尽所能保护法律权利上的平等,但如果有某种势力企图将所有人都置于同等的条件下(equality of conditions),普通法又会坚决反对。

我们的女神是一个睿智的老太太,她见证过许多失败的计划,这些计划都曾妄图让全世界变得整齐划一,而且对此抱有着太过乐观的估计。可是另一方面,我们的法律也反对某些极端的个人主义教条,从这个意义上讲,她也可以被称之为社会主义者。

即使是在刑事司法管辖的范围以外,我们也绝不会允许毫无限制的缔约自由;早在13世纪,一群大胆的财产转让者就已经发

现，在“转让”(grant)这一程式当中蕴含着某种神奇的力量，经过一段时间的琢磨，他们借此创造出了一种新型的地产权，这大大扩张了他们对地产的处分权。

在普通法看来，共同体的选择权，而不是个人的选择权，决定着法律系统内部的结构；因此，她会利用社会主义去对抗无政府主义，但她会将政府的管制维持在一种可能而又适宜的水平上，这一点与现代的社会主义计划可能又有所不同。

顺便提一句，在普通法的计划当中，除了某些新近出现的强制
措施以外，我们还可以找到很多内容，它们对现有制度进行了替代
和放松。过去，土地的转让者在证明自己的产权时，必须提供担保
和其他很多证据，以此构建起一条长长的证据链，用以证明自己和
自己的祖先在过去四十年或六十年的时间里，对土地进行了持续
的占有。而现在，在托伦式登记制度[①]之下，这一切都被省略了， 55
我们也不用为此而感到惊诧。

某些情况下，社会主义会令公众感到困惑，而普通法也会通过某种方法，利用无政府主义来打消这种困惑。社会主义者和无政府主义者已经联合在一起对现有的经济秩序展开了攻击，他们的

① 托伦式登记制度(Torrens system of registration)，也简称“托伦制度”(Torrens system)：过去，土地在转让时，卖方必须提供大量材料，将土地最初的产权及其后每一次转手的情况都详细列举出来，组成一个漫长的证据链，说明自己的产权是从一个合法的源头传承而来的。其中，如果有一个环节出现问题，土地就无法转让，哪怕这个环节发生在百年以前。到 1858 年，罗伯特·托伦(Robert Torrens，1814—1884，时任南澳大利亚殖民地首席大臣)发明了一套新的制度，产权人只需要到指定机关提交材料进行一次性登记，登记成功之后，其产权就获得国家认可，以后转让时只需依据登记就可以证明自己产权的合法性。这套制度极大地简化了土地交易程序，至今依然在很多英语国家使用。——译者

联盟并没有什么过人之处，那只是为针对一个共同的敌人而进行的暂时合作，维持这个联盟的仅仅只是一个共同的敌人而已。总的来说，社会主义者在经济思想领域发起的这场运动，有足够的能力去改变我们的法律制度和其他制度，这一点毫无疑问；但如果我们能看一看事情的实际运行过程，我们就会发现，这种改变所凭借的，不是对法律的漠视，而是对法律程式和法律制度的控制和掌握。

我们都知道，在政治动乱当中，法律往往是既有秩序当中受到冲击最小的一部分。当法国大革命横扫一切等级和贵族特权的时候，当时的民法依旧关切着那些它以前关切的东西。拿破仑法典的基础是民事习惯和君主颁布的法令；这些法律质料，经过适当的编辑和本土化的修改之后，依然可以适用于魁北克，那里没有被大革命所波及。

凭借某种更高的宗教权威，有人拒绝对世俗的治安官表示顺从，这引发了一场相当严重的冲突。道德信念，无论对错，它都很难被动摇，在少数问题上，它会让法律显得很无奈，比如在贵格教[①]的问题上就是如此。

某些人热衷于去揭露所谓伪君子的真实面目，证据就是那些

---

① 贵格教(Quakers)：又称贵格会、教友会等等，基督教新教的一个少数教派，前述威廉·佩恩就是这个教派的成员。该教派主张上帝面前人人平等，反对权威，反对任何战争和暴力，其教会没有等级差别，成员不效忠也不起誓。这个教派从出现之日起就遭到欧洲各国的迫害，在现代也经常引发一些法律难题，比如在法律要求起誓的场合他们拒不起誓，美国法律对此作出了一些变通，比如其他人说“我发誓”(I swear)的场合，贵格教徒就可以说“我确认”(I affirm)。——译者

流传于街头巷尾的小道消息，这牵涉到霍尔特首席大法官[①]和另 56
一位先贤——我并不是说，普通法对这样的行为会特别宽容。这里要说的案件比那些八卦新闻要严肃的多：有些人，当他们因为良心而对法律持有异议时，他们会诉诸某些外在的和有形的权威，这些权威有一套自己的法律——这样，两种法律就会发生冲突。在这种情况下，我们不能说：国家站在一边，而个人站在另一边；这是两种独立的权力，他们面对面地站在一起，他们的关系或友好或紧张，他们之间可能会有暴力冲突（十有八九都会，但并不总是肢体上的暴力）；可能会有外交磋商，可能会有条约，有妥协，等等。

在中世纪，我们的普通法女神经常会与教会、教会法组成的帝国发生冲突，这个帝国拥有更加悠久的历史，而且在当时，他比普通法还更有组织，更有条理。在很多时候，这场冲突的目的不只是要争夺某块地盘、某种特权，双方是想要在对方面前保持自己的独立。这是边界问题，只要有两个或者两个以上的司法权——他们存在于相同的时间，相同的地点，他们的管辖范围有可能相互重叠——这样的问题就一定会爆发出来；类似的敌对行为虽然有可能会危及和平，但那也只是暂时的，它不会发展成为一种常态。

再仔细想想，我们会发现，在美国的普通法当中，挑起争斗的其实并不是教皇和主教，而是新教徒，这一点后辈们可能就知之甚

① 霍尔特首席大法官（Chief Justice Holt）：全名约翰・霍尔特（John Holt，1642—1710），著名法官，曾任英格兰和威尔士首席大法官（Lord Chief Justice of England and Wales），被认为是英美法系证据规则理论的奠基者之一。当时有一种传说，认为霍尔特憎恨其妻子，还买通了妻子的医生，让他在治病时尽量增加她的痛苦。此传说一直未被证实。——译者

少了。马萨诸塞州的居民们宣称：他们拒绝承认任何权威，除了他们自己的法律。但话锋一转，他们又认为，对“神的话”（God's word）还是应该要保持总体上的尊敬。这里指的应该是摩西律法（Mosaic law）——不是犹太大祭司们搞出来的那套法律，而是按照摩西五书（Pentateuch）原有风格所解释出来的法律。

这套观念一直到18世纪还占据着主流，类似的热情在新英格兰其他各州可谓是有过之而无不及（当然，我在这里指的不是康涅狄格的“蓝色法典”①，那是骗人的东西；那些真诚的例子就已经可以说明问题了）。

清教式的偏见和犹太教式的偏见始终如一地存在着，除此之
57 外，早期的殖民地法律还显示出一种奇特的愿望，那就是要恢复古代的思想和等级。在新英格兰以外，再也找不到什么地方对英国的法律和程序怀有如此强烈的厌恶。但是在同时期的弗吉尼亚和卡罗莱纳，如果说：普通法在当地受到了欢迎，并且成为了当地司法的基础——那么这样的假设恐怕也很难获得普遍赞同。*



① 康涅狄格的“蓝色法典”（“Blue Laws” of Connecticut）：所谓“蓝色法典”是一种宗教法典，流传于美国各州及加拿大，版本不一。康涅狄格的这部“蓝色法典”一般认为是在17世纪中期，由牧师塞缪尔·皮特（Samuel Peters）制定的。这位牧师宣称，这部法典是北美最早的殖民者制定的，但却没有任何证据，因此被波洛克认为是“伪造的”。尽管如此，这部法典还是在当地造成了巨大影响。法典主要用来规范信徒在安息日（周日）的生活，其内容显得出奇的苛刻和怪异，比如禁止向信仰其他宗教的人们提供食物和住宿（第十四条）；不准跑动，不准在花园里散步（第十八条）；结了婚的人必须待在一起，否则就应被关进监狱（第四十四条）；等等。——译者

* 参见：赖因施（Reinsch），《北美早期殖民地的英国普通法》（*English Common Law in the Early American Colonies*），出自《盎格鲁-亚美利加法律史选集》（*Select Essays in Anglo-American Legal Hist*），第396辑，我正是从这儿发现了这些事实。——作者

这些东西很难说清，但有一点却在逐渐被证实：在大西洋的西海岸，将普通法捧上了王位的，恰恰就是那些拒绝向英国国王和议会效忠的人们，这些人不是朝圣者的先驱，而是宪法的先驱。有人认为，普通法与某种政体（form of government）之间存在着特殊的依附关系；也有人认为，普通法无法从实质上保障公民自由与代议政治——这两种结论目前看来，似乎都还缺乏根据。人们所要求的这些基本条件，普通法将通过各种各样的方式予以满足，其中的某些方式可能现在都还没有找到。要说普通法女神的房子被推倒重建了，这恐怕有些言过其实，但里面的家具却的确已经换了好几茬。

如果有人对亨利八世说：后世的国王们将失去大部分的直接权力，在一段时间内，他们甚至会沦为毫无意义的政治摆设；但短暂的沉沦之后，他们又将得到巨大的报偿，那不再是近臣们施用的那些无耻的阴谋诈术，而是光明正大、毫无偏私的谏议*，而且提出这些谏议的，都是国王自己的大臣——亨利八世绝不会相信这样的话，但爱德华一世却不一定。无论他们相信与否，这便是普通
法的所作所为，这便是普通法的安身立命之所。 58

首席的行政官是谁，他的政府是民选的还是世袭的，他的权力是如美国总统一般大，还是如英国国王一般小，这都不是普通法女神关心的问题。无所谓什么政体，只要这个政府依法办事，而不是

* 我很难找到一句合适的话来描述这种情况：在过去，理解某些事情要一半靠言传，一半靠意会，但是在维多利亚女王的信件当中，所有事情都被直接说了出来。她的大臣们经常被她说服，没被说服的情况相对较少，这倒不是因为她是女王，而是因为她说的话正确而富有说服力。——作者

任意专断，女神就会青睐于他；这种政府的确带有某种实质特征，15 世纪时，福蒂斯丘首席大法官就将这种特征称为“政治”[①]。

我们的女神不断寻觅着值得信赖的仆人，一旦需要，这些仆人就会为她提供帮助。她所选拔出来的法官勇敢而独立，因为他们都曾是勇敢而独立的律师。律师们的身上可能带着贵族气质，也可能带着民主思想，但是权力的诱惑不会将他们拉向右翼，哗众取宠的潜在快感也不会将他们拉向左翼，他们会不偏不倚，正道而行。如果没有这样的精神，女神的仆人们将饱受羞辱，而女神的国度也会陷于毁灭，一切的著述和学识都无法使他们摆脱这一命运。如果没有这样的精神，他们将再也看不到那些外来的敌人——这些敌人已经走进了大门，女神和她的仆人们都将噤若寒蝉。

① 福蒂斯丘(Sir John Fortescue，1395—1477)：英国著名法官、法学家，曾任王座法院首席大法官，著有《论英格兰的政制》(*De laudibus legum Angliae* 或 *The Governance of England*)。该书中将君主国的政体划分为两种，既“国王型政体”(dominium regale)和“即是国王型，也是政治型的政体”(dominium politicum et regale)。前者是国王完全依靠自己的意志和自己的力量而进行的统治，后者则是国王与其臣民相互协商而进行的统治。这里所谓的“政治”意指臣民拥有自己的权利和自由，国王不能侵犯，国王在有关臣民权利的问题上必须与臣民进行磋商。——译者

# 第五章　拯救与赎金

在前文当中，我们描述了各式各样的麻烦，它们不断地困扰着 59
我们的女神，也困扰着女神的仆人们，仆人们的层次各有不同，但他们都在朝圣之路上艰难跋涉着。现在，我们需要找到对付这些麻烦的办法：在此，我们必须要对外行们以及他们的一般常识保持谦虚谨慎的态度。因为在他们看来，我们经常无事生非，把一些无用的琐事弄得玄而又玄，以此来夸大我们专业的重要性。

似乎有足够的证据让他们相信：普通法已经旧得不能再用了，在实际工作中，它已经成为了一种累赘。外行们不明白，为什么我们不能像其他领域的现代人那样，把这些旧货扔掉，不再提及；或者为什么普通法没有在几个世纪前就被废除掉。在他们看来，其实一切都很简单——律师们想出一种新的、更好的诉讼程式，这种事情似乎花不了多少成本，有支笔，再加上点墨水，这就行了；当然了，还需要动脑筋，不过干什么都需要动脑筋，不是吗？但问题是，亨利二世是否会整晚整晚地端坐，就为了审理那些“新近侵占地产之诉”①，

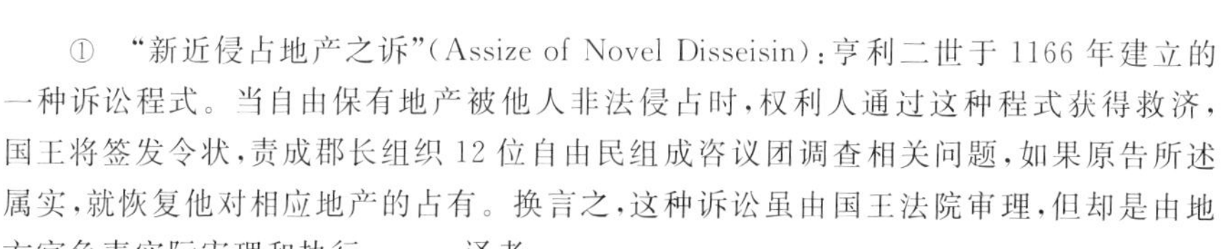

① “新近侵占地产之诉”(Assize of Novel Disseisin)：亨利二世于1166年建立的一种诉讼程式。当自由保有地产被他人非法侵占时，权利人通过这种程式获得救济，国王将签发令状，责成郡长组织12位自由民组成咨议团调查相关问题，如果原告所述属实，就恢复他对相应地产的占有。换言之，这种诉讼虽由国王法院审理，但却是由地方官负责实际审理和执行。——译者

这种情况可能发生吗？好吧，我们可以认为他是国王，所以他就该干这个。

我亲爱的人呐，我们的普通法女神在责问你们："就是你们这些外行，时不时地捣乱。当我的仆人们试图用最简单的方式来解决问题时，是你们在那里碍手碍脚，逼得他们只能用最畸形的方法来解决问题，我的荣誉因此受到了贬损，人们对我的崇拜也受到了影响，我的诉讼参与者们则被拖进了无用的指控与烦恼当中——
60 外行们，哪怕是最优秀的外行们，这一切，你们相信吗？"外行们当然不清楚这其中的情况，我们的时间又太短，可能不足以说服他们，没办法，我们只能在这有限的时间里，将我们知道的情况尽量说出来。

事实是，早在13世纪，国王的法官和书记员们就已经准备要创造一批新的令状，以应对人们对王室司法不断增长的需求。这样的做法是简单而理智的，但他们善意的创造却遭遇了嫉妒心的打击，这种嫉妒并非来源于专业人士的既得利益，它们来自于王室司法以外的利益和特权。

很多大小领主都有自己的司法系统和司法特许权*，他们从中获取了大量的诉讼费和罚金。对他们来说，新的王室司法竞争力太强，几乎无法抵抗，他们的那些特权和好处也都将因此而遭到重创。这种嫉妒有可能被两种因素加强了，其一是古人对于专业

---

* 司法所得的利润，最初是属于公众的，王室只是可以从中挪用一部分而已，但后来这种挪用却变得常态化了。——作者

官僚的普遍不信任；其二是古人心中普遍存在的一种迷信观念——除非是面临直接的冤屈，否则人们对任何新事物都抱持着一种恐惧和厌恶的态度。以上两点，我无法肯定，但也无法完全否定。总之，诉讼程序的改革者们无法按照他们以前的设想来行事了。

法官对类案诉讼[①]显得不冷不热，原告和律师们的要求因此也就受到了推诿——这种情况，用非专业语言可以这样来解释：新的救济手段不会被使用，除非它能将自己装扮成老式救济的一种。面对这种局面，领主们的私人法庭能否想出什么更好的应对之策吗？对此，我表示怀疑。有一点是领主们想象不到的，那就是我们的普通法女神有着和爱德华一世一样的雄心，她为国王提供了"权利来源令状"[②]，

① 类案诉讼（Actions on the Case）：早期普通法依据令状提起诉讼（writ），通过对个案的审查而抽象出个案诉因（cause of action），有令状才有诉因，有诉因才能提起诉讼。因此，如果要对一个没有出现过的案件提起诉讼就必须签发一个新的令状。1258 年的《牛津条例》对国王签发新令状的权力进行了限制，规定非经大咨议会（great council）批准，国王不能再签发新的令状，只有大咨议会认可的令状（称为"当然令状"，writ of course）才能签发。1285 年的《威斯敏斯特法Ⅱ》（*Statue of Westminster Ⅱ*）用拟制的方法突破了这种限制，规定：如果有案件亟待审理，却又没有对应的当然令状，但是与之类似的案件有当然令状，文秘署（Chancery）就可以签发一个新令状；如果文秘署不同意签发新令状，则将此事交大咨议会决定。这种新签发的令状首先在类似侵入领地之诉（trespass）的侵权案件中出现，文秘署因此签发了"侵权类案诉讼令状"（writ of trespass on the case），开启了"侵权类案诉讼"（trespass on the case），之后又出现了"一般类案诉讼"（general action on the case），这两种诉讼统称"类案诉讼"。此后，国王和议会又签发了很多新的令状，类案诉讼则成为了在缺乏正式诉讼形式时的替代形式。1875 年后，所有的诉讼形式都被取消，但类案诉讼仍被用来指称它原先所指的那些诉讼。——译者

② 权利来源令状（Quo Warranto）：英直译"by what warrant?"（谁授予的?），令状的一种，用来调查特定权利或权力的来源。接到此项令状的人必须向法庭说明特定权利或权力的内容、范围和来源，牵涉范围包括该人所拥有的职位、土地所有权、司法权等等。权利来源令状起源于英王爱德华一世时期。爱德华一世的祖父"失地王"约翰于 1215 年被贵族联军击败，被迫签订《自由大宪章》，此后英格兰王权衰微，大量王室财产流失，大量重要职位被非法占有。近百年后，王权复振，爱德华一世派遣大量法官调查动乱期间各地贵族侵占王室权益的实际情况。为配合这次调查行动制定了该项令状。——译者

国王于是就可以教训一下那些傲慢的领主，让他们知道自己的本分所在。这个故事我们在此就不再详述了。

又过了几个世纪，我们应该提醒那些明智的批评家：尽管曼斯
61 菲尔德大人[①]的改革在后世获得了普遍的认可，但朱尼厄斯[②]却认为这场改革是法律的腐化，是独裁，是要侵蚀英国人的自由，是要将确定的法律废除，代之以法官自己那无法确定的衡平理念——说这些话的政论家在当时绝不只是朱尼厄斯一人。

从某种意义上讲，如果你还没有做好摆弄自由的准备，那么你

① 曼斯菲尔德(1705—1793)，本名威廉·穆雷，曼斯菲尔德一世勋爵(William Murray, 1st Earl of Mansfield)，1757—1765年任英格兰王座法院大法官(Lord Chief Justice)，在任期间对英国法律制度进行了大规模改革。内容涉及诉讼程序、商法、合同法、版权法等。曼斯菲尔德的改革可谓成败参半，毁誉参半，但在总体上推进了普通法的现代化，他也与布莱克斯通一道成为了18世纪中后期普通法学界的旗帜性人物。——译者

② 朱尼厄斯事件，1769年1月，一家名为“公告”(public advertiser)的报纸连续刊登数篇公开信，猛烈抨击英国国王、议会及政府，指责政府侵犯公民传统宪法权利，文辞极其激进，甚至涉及部分高官的私生活问题。文章作者署名朱尼厄斯(Junius)，有时也署名卢修斯(Lucius)和布鲁图斯(Brutus)，三个笔名合到一起即为Lucius Junius Brutus(“罗马共和之父”，公元前4世纪罗马政治家，曾领导罗马人民赶走国王，建立共和政体)。朱尼厄斯究竟是谁，始终是一个谜，他的署名文章由伍德福(Woodfall)出版，阿尔芒(Almon)负责销售，米勒(Miller)对其进行了再版。1770年6月，三人被逮捕，并以“诽谤罪”(seditious libel)被诉至法院，负责审理该案的正是曼斯菲尔德法官。在庭审中，阿尔芒被判有罪；对于伍德福，曼斯菲尔德认为，其行为并非是诽谤，而仅仅是出版和印刷诽谤言论，因此不构成“诽谤罪”；而米勒则被判无罪。这一判决实际上使继续传播朱尼厄斯言论的行为完全合法化了。1770年，朱尼厄斯在米勒主办的报纸上发表文章，矛头直指曼斯菲尔德法官，指责其司法改革压制了公众自由，并讽刺其苏格兰出身，称其为“詹姆斯二世党人”(Jacobite)，时任司法部长威廉·德·格雷(William de Grey)建议再次逮捕米勒，被曼斯菲尔德劝止。曼斯菲尔德认为，如果不做回应，效果可能会更好。果然，此后，朱尼厄斯的写作速度明显放慢，整个1771年只写出了一篇文章，到1772年初，其写作完全停止。——译者

就不太可能产生改革的愿望:“自由”(liberty)这个词在中世纪拉丁语当中指的是一种权利,这种权利划出了一个范围,在这个范围当中,你可以利用垄断、习惯或者其他任何可能的方式,将别人驱赶出去;你能将别人赶出去多少,你自己就可以获得多少。这样一来,当我们发现“特许权”(franchise)竟相当于法语当中的“自由”时(libertas),这也没什么好奇怪的。

那些某些聪明的外行,他们也试图插手法律改革,但他们从来就没有获得过成功,哪怕是在我们这样一个开明的年代里,情况也是如此。前不久,一位业余的法律家,他带着善意,对英国的公司法进行了一些修改,结果引发了大量的诉讼和资源浪费,没过多久,这些修改出来的法律就被废止了,没人觉得惋惜。取而代之的是一部大致看来更加稳固的法典[①]。

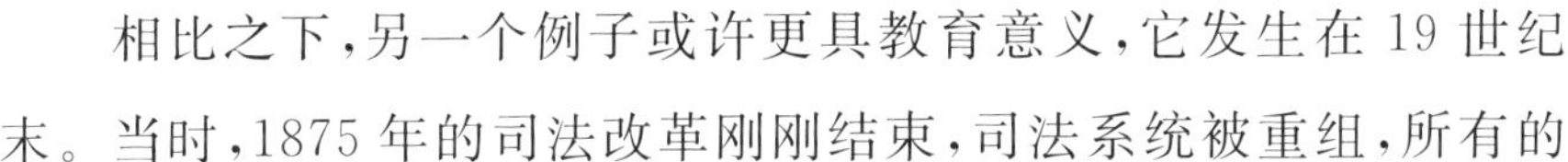

相比之下,另一个例子或许更具教育意义,它发生在19世纪末。当时,1875年的司法改革刚刚结束,司法系统被重组,所有的



① 1844年到1862年间,英国的公司法制度经过了一连串的调整,到1856年,“股份公司法”(Joint Stock Companies Act)基本承认了公司的“有限责任”原则,该法案放宽了公司注册标准,强调公司经营的独立与自由,但相应的监管配套措施并未健全。以致利用“有限责任”原则逃避债务甚至实施欺诈的行为激增。因此,到1907年,英国议会又制定了全新的“公司法”(Company Act),加强了对公司的监管。此事发生在波洛克演讲前4年。

前述“业余的法律家”主要指英国政治家、教育家罗伯特·劳(Robert Lowe),他在任英国贸易部副部长(Vice-President of the Board of Trade)期间推动了1856年“股份公司法”的立法,被商法学界誉为“现代公司法之父”,劳早年(1841年)曾在伦敦学习法律,但学业开始不到一年就因严重的眼疾而中断,此后曾在澳大利亚参与法庭工作约一年,因此其法律生涯前后不足两年,而且从未获得过律师执业资格。——译者特别司法系统(special jurisdictions)都被整合到了新的高等法院(High Court)当中。但在伦敦商界中,针对高等法院王座庭的抱怨之声却是有增无减,因为它审理商事案件的速度太慢,很多案件都被积压了下来。于是,一个精巧的计划就此产生,人们试图建立一个裁判厅或者仲裁处,当事人可以自愿来此解决纠纷——这是一个相当漂亮的计划,是法律智慧和商业智慧的完美结合,但这个计划却被一个突如其来的事件所打断了。

62 一天[*],格瑞尔男爵——当时还是格瑞尔·巴恩斯法官(Justice Gorell Barnes),那时他任职于高等法院遗嘱和海事庭(Probate and Admiralty Division)——拿出了一份特殊清单,清单上所列的是一系列商事案件的诉因。法官宣称,以后在审理清单上的各类案件时,如果双方当事人同意不使用专门的诉讼技术,并且在事实问题上也不存在多大争议,那么诉答程序就可以被简化甚至干脆取消,诉讼的各阶段也可以加速完成。他还暗示:某个诉因到底是不是属于海事事件——对这个问题,法庭可能不会再进行审查了,这不是遗嘱和海事庭该干的事情。而实际上,他的做法已经受到了《司法组织法》(Judicature Act)的肯定。

这次前卫性的探索被普通法的法官们迅速跟进[**],他们建立起了所谓的"商事法庭"(Commercial Court),其依据是法院的酌情处理权(administrative discretion)[***]。与别的法庭相比,"商事

---

* 发生在 1893 年,参见《法律评论季刊》(L. Q. R.),第 373 辑。——作者

** 这种做法虽然在 1875 年后不再被官方所认可,但它非常便利,因而在业内依然被普遍接受。——作者

*** 参见《英国法律百科全书》(*Encycl. Laws of England*),"商事法庭"(Commercial Court)。——作者

法庭”并没有什么特别之处，它只是拥有一张特殊诉因清单，这张清单是由体谅下情的格瑞尔·巴恩斯法官首先提出的，它被交给那些熟悉商业事务的法官们去执行。这样的一个制度安排旨在缓解法庭压力，并且在纠纷化解过程中发挥私人企业（private enterprise）的比较优势，它运作得非常成功，后来也就没人再说什么了*。

对上面所说的这一切，公众们一无所知，某些律师也知之甚少；这套系统在建立过程中没有引发什么争议，其中的形式、程序也已经简省到了极点。格瑞尔男爵发明的这套程序，以及这套程序衍生出来的新式法庭，都获得了巨大的成功，这场胜利是全面的，而且是在和平的局面下完成，它赢得了普通法女神最为和蔼的微笑。

大部分律师们都希望能够尽可能地保留传统，无论这种传统是好是坏，是古典还是现代，毕竟，他们在其中受过训练。但当改革发展到一定程度之后，大部分的专业知识都会面临被颠覆的危
险——这是一小撮专业人士不断奋斗的结果，他们精明强干，充满 63
热忱，他们关心自己的事业甚于关心大众；但他们又诉诸大众，希望得到他们的支持。

这是一场改革的序幕，此时的改革并不彻底，同时也缺乏系统性，它甚至连这方面的追求也没有。但改革将要面临的困难已经

---

* 我们别忘了，这其中存在着大量的私人仲裁和非正式仲裁，我们不要把这些仲裁看作是对法律的讽刺，毕竟，这条路如果能走通，就比打官司要强。——作者

被它展现了出来：呆板、暮气、形式主义造成的种种罪恶，要改变它们异常困难，并不像看起来那么简单；改革有时会遭遇失败，人们会对其大加指责，但这些失败并不总是律师的过错。现在，我们要拿出解决问题的方法，我们要尝试着将这些方法做一个分类，这些方法多多少少都会显得有些矫揉造作，有时，它们还会包含着些许善意的欺骗(pious fraud)，或者说是“可以允许的欺骗”(dolus bonus)——这种拉丁语的说法可能更为准确。

在古代，最常用的方法是建立一个特设的权力机关或者司法系统，让它们来解决问题；因为是特设的，所以这些机构都拥有某种任意行动的自由。第二种方法是对旧有的程序进行扩充和发展，让它们变得更加便利，但实际结果却往往正好相反；在此，我们会看到拟制的使用，很遗憾，这种做法让司法的机理发生了扭曲。第三种方法是由立法机关出面，对法律的不当之处进行修正，这种修正必须是明确而详尽的——使用这种方法必须具备足够的知识和技巧，一旦用好，效果将会非常显著。第四种方法非常现代，那就是对整个程序体系进行全面的、系统性的重建，对现存秩序进行重新布局，要知道，我们中很多人都生活在这个现实秩序当中；这种做法所仰赖的立法权力，或者是由立法机关直接使用，或者由立法机关委托或授予，上述的第三种方法也是一样。

首先我们讲第一种方法。建立特设司法权可以绕开一般程式带来的种种障碍，从各方面讲，这都是一条坦途，因此只要可能，人们就会尽量使用这种方法。英国最高级别的那些法院最初都是这
64 么设立的，那是 13 世纪时候的事情了。而在 12 世纪，也就是亨利

二世当政的时期，人们依然将百户法院[①]和郡法院当作是一般的司法机构来看待。在当时，一部分刑事案件被预留给国王来审理，其中的很多案件早在诺曼征服以前就已经这么处理了。而在民事法律方面，国王是他直接封臣的最高领主，当然也就拥有相应的民事管辖权；这种管辖权后来大为扩张，在某些案件当中，国王甚至会替代郡法院。

大量的未成年人案件被交给群众去审理，也有可能交给领主，或者交给其他的特殊司法机关，在这一点上，它们三者相互竞争，显得非常积极。与此同时，王室司法的重要性也在不断增长，人们开始感觉到，这个核心圈子里的官员们有必要写出一本工作指南，当然，这需要得到首席政法官[②]的支持。大约一个世纪以后，我们发现，一个国王的法庭已经明确形成，并走上前台，一群博学之士长期在此担任法官，而书记员和律师也已经正式化了。司法当中还存在着大量的空白，但法官们一直试图对此进行弥补。如果说，他们的努力没能克尽全功，那也不是专业造成的问题，我们在前面讲过的那些麻烦，在这个时候都出现了。

在契约法的领域当中，法律和程序都还只是初具雏形，在接下来的两个多世纪里也毫无进展。要知道，英国人的商业贸易这时也才只是初具雏形，而这正是契约法的基础质料所在。王室司法

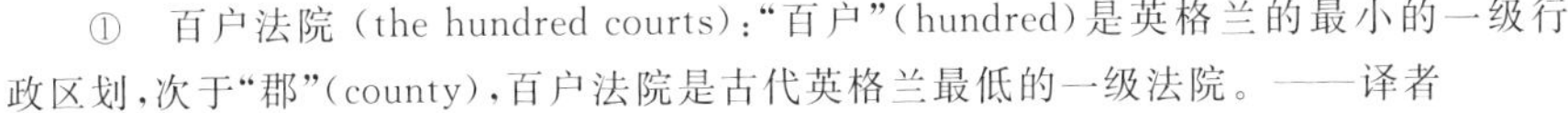

① 百户法院(the hundred courts)："百户"(hundred)是英格兰的最小的一级行政区划，次于"郡"(county)，百户法院是古代英格兰最低的一级法院。——译者

② 首席政法官(justiciar)：由征服者威廉创立的一个官职，主管王室法院的所有事务，同时也主持御前会议，并管理财政署——实际上就是皇室在内政事务方面的大总管。该官职在爱德华一世统治时被废除，其大部分权力由御前大臣(chancellor)所承袭。——译者

以外还存在着商人法（law merchant），这种司法与绝大部分的对外贸易此时都还掌握在外国人手中，他们将自己遇到的争议交给行会（gilds）或者市场法庭（market court）去处理。

百户法院此时业已凋敝，郡法院则处在国王法官的严格控制之下，而且他们的主要任务似乎还是为国王收取罚金。但就是在这样的情况下，还是存在着对国王较为不利的一面，那就是：无缘无故地组建一个结构复杂、权力广泛的官僚系统——这种行为在
65 当时已经不再被允许了。在走向高度组织化的过程当中，国王的司法系统逐渐具有了形式化的特征，尽管这种形式与古代的风格并不吻合。征服者威廉或者威廉二世时期那种家长式的干涉行为已经失去了存在的空间。诉讼程式难以更动了，判例就附着在这种程式之上。对这一点，法官心知肚明。而律师也随时准备着去提醒法官：如果他们就某个新问题作出了判决，那么对他的同行或者后继者来说，这个判决就将成为法律。

与此同时，大人物们还在对抗法律，人们对此的抱怨之声依旧不绝于耳。国王的法官们在工作中表现得相当勇敢，但类似的问题基本上还是要交给国王自己去处理，当然，国王必须在咨议会（Council）当中。

教会法庭的简易程序总是受到吹捧，对博学的宗教法学者和市民们来说，这样的吹捧时常可闻；但情况也有可能是这样：在主教和副主教的辖区[①]当中，那些本应待在教堂里的人，却在酒馆里

① 主教辖区和副主教辖区（diocese and archdeaconry）：英国国教教会将自己的教会辖区划分为若干单元，最大的单元称主教辖区，由一位主教（bishop）领导；主教辖区下辖若干个副主教辖区，由副主教（archdeaconry）领导。——译者

鬼混，他们为自己作伪证、发伪誓，或者还干了其他见不得人的勾当，这些人会发现，教会法庭的程序比他们所期望的还要简易。

正是因为上面所说的这些问题，几个世纪以后，当我们看到御前大臣的司法权[①]勃然兴起、迅速普及的时候，我们一点也不用感到奇怪——布莱克斯通告诉我们[②]：如果一般意义上的正义遭到了损害或者打了折扣，那么国王有责任保证正义的完整落实。这一理论从国王未尽的责任当中被发掘了出来；而布莱克斯通本人则明智地跟从了那个伊丽莎白式的政权[③]。

衡平司法姗姗来迟，它长期游离在普通法之外，显得极为特殊，在某些领域，直到今天情况依旧如此；在威斯敏斯特，它和其他法院之间免不了会有一场冲突，这是一个必经阶段。我很怀疑，发生在伊丽莎白一世和詹姆士一世时期的那场冲突是否完全出于理智，是否完全必要。我们都知道，柯克是古非今的那套伪学问在其中起了火上浇油的作用，再加上他与培根之间的私人恩怨，情况就更难说了。

无论如何，我们看到衡平司法在不断成长，看到衡平司法正变 66

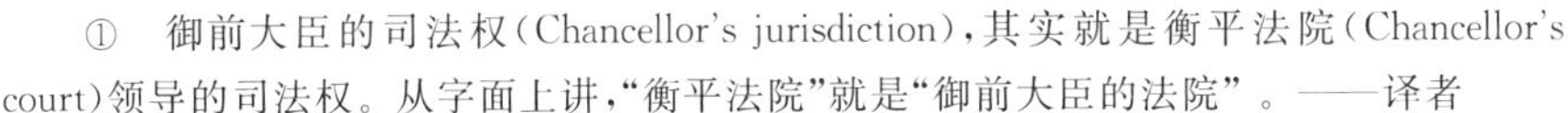

① 御前大臣的司法权（Chancellor's jurisdiction），其实就是衡平法院（Chancellor's court）领导的司法权。从字面上讲，"衡平法院"就是"御前大臣的法院"。——译者

② 参见《英国法释义》（*Commentaries on the Laws of England*），第三卷，第四章，第八节。——译者

③ 布莱克斯通本人的飞黄腾达基本是在乔治二世国王当政期间。乔治二世国王对英国国情极为了解，他善于弄权，善于利用议会各派的矛盾从中渔利，在国内事务当中表现得相当强势，同时又在对外战争当中取得了辉煌的胜利。这一切都与他的前辈——伊丽莎白一世女王非常相似，因此波洛克称他的那个政权为"伊丽莎白式的政权"。——译者

得越来越正规化，就像普通法一样（布莱克斯通对这个问题又一次给予了有益的说明）[①]。这与亨利二世时期那场改革的进程非常相似，大宪章见证并且巩固了这次改革，而我们现在所见的衡平司法也完全可以说就是这场改革的延续。

与衡平司法平行发展的，是星室法院进行的刑事司法（正如培根告诉我们的），它对普通的刑事司法起到了补充、辅助的作用。一个多世纪以来，它的工作可谓勤勤恳恳。它本身并没有什么固有的瑕疵，只是被扭曲，被误用，如此才导致了它的毁灭。查理一世将它当作了政治迫害和宗教迫害的引擎，从那一刻起，它的命运就已经注定。

建立特别司法机构，以此去创造一种全新的司法模式——这样的一套操作方法随着星室法院的毁灭而逐渐恢复了正常。可是在内战爆发之前，暴力和杀戮却又让这套方法失去了用武之地。在这块土地上，它就这样销声匿迹了。斯图亚特王朝的国王们在治国理政的各方面好像都是行家里手，正如他们在事实上所展示的那样，可是假如情况真是如此，也不知道长寿[②]和名声的逐渐败坏[③]是否

① 参见《英国法释义》，第三卷，第二十七章。——译者

② 斯图亚特王朝的前三位国王寿命均不长，詹姆斯一世 59 岁，查理一世 49 岁（1649 年被斩首），查理二世 55 岁，倒是被“光荣革命”所废黜的詹姆斯二世活了 68 岁，这在当时是高寿。詹姆斯二世之子，“老王位觊觎者”——詹姆斯·弗兰西斯在被赶出英国后终身从事复辟活动，也被法国和教皇承认为“詹姆斯三世”，他活了 78 岁。作者在此明显带有讽刺调侃的意味。——译者。

③ “名声的逐渐败坏”（honourable euthanasia），可直译为“荣誉的安乐死”：詹姆斯一世年轻时博学多才，受到以培根为代表的知识界的广泛赞誉，后来生活逐渐腐化堕落，丑闻迭出，名声日渐败坏，19 世纪著名历史学家班克罗夫特评价：“这是对他荣誉的安乐死”（This is a euthanasia of his honor）——参见：乔治·班克罗夫特，《美国的历史，从发现美洲新大陆开始》（George Bancroft，*A History of the United States*，*From the Discovery of the American Continent*），查尔斯·布朗 1834 年版，第 314 页。——译者

也能在他们的治国之道中占有一席之地。

我们一直认为，法律这门技艺应当附着在正义之上，而正义又是国王所守护的珍宝，可在某些情况下，法律却又会无可避免地丧失其美德，这是为什么？在司法的本性当中，我们可能会找到些许清白的答案，但也有可能什么都找不到。我自己从来也没有找到过那样的理由。我更愿意做的，只能是梦想，梦想在某个行星上存在着一群明智的统治者，他们统治着一个王朝，在那里，我们远离宗教的纷争，远离世俗的争吵，那里存在着一个负责任的政府，它处在一种（在我们看来）相当于 15 世纪时的状态当中，那时候没有那么多的政治。在那里，司法判决远离党派纷争的伤害，远离夹杂着党派利益的法令，远离那些粗暴的救济手段，不会今天向东，明天向西，不会行事激进，相互攻讦，不会彼此怨恨，永无休止，相反，它绝无偏私，几近完美。在那里，如果你心怀坦荡，即便犯错，也不会受到谴责，除非你拒绝承认并且改正错误，所以，谁也不用伪装，
就好像自己从不犯错一样。在那里，法令[①]由精通法律的官吏们 67
通过充分的磋商，而后审慎地制定；法令由一个固有的政权负责实施，他的权威不容争辩，能够为执法提供最有力的支持。在那里，质询委员会[②]之所以召开，是为了认真地进行司法准备，以便提起诉讼；在那里，原则问题被交由一个议事会进行讨论，这种讨论是

① 原文 Orders in Council，直译应为：枢密院令，英国国王通过枢密院下发的法令（国王有时只在名义上出现），大部分带有立法性质。——译者

② 质询委员会（Commission of Enquiry）：也叫皇家委员会（Royal Commission），为调查特定事项，经由国王（在海外殖民地经由代表国王的总督）任命而专门成立的临时性质询机构，在其调查范围内享有很大权力，对国会立法有极大的影响，甚至拥有一部分实质上的司法权。——译者

充分的，也是庄重严肃的，议事会得出的意见便是这个领域所需遵循的政策。在那里，正式的立法将是一种更为优越也更为庄重的行为，它绝不能用于财政目的。政党政治，无论是英国的模式还是美国的模式，是否能够为我们提供这样的一个梦想之地，对这一点，我不去追问。这不是一个法律问题，因此也不适合在此提起。

下面我们讲第二种方法。如果无法创造出一个新的司法权，那么至少可以对老的司法权加以扩展，这是一种安慰。很多人希望法律鼓励竞争而反对垄断，对此，我们的普通法女神露出了些许微笑，“我怎么能不赞成竞争呢？”对那些过分谨慎的门徒们，她悄悄地耳语道，“我的仆人们为了酬金相互竞争，而我的很多资源恰恰就来自于这种竞争。在中世纪，甚至在中世纪以后的一段时间里，司法就意味着罚金、意味着收益；你真的以为中世纪的领主们（包括主教和市长在内）会为了绞死几个小偷，就欢欣鼓舞，骄傲不已吗？我的教会法姐姐在不高兴的时候会撅着嘴一言不发，她会说：这种动机实在是太庸俗了，她的臣民们绝对不会去理会。的确，她对灵魂的幸福抱有真挚的热情，而我们也都知道，违背誓言将是一种罪孽，对这些，我都不会加以否认。但是，如果提交到教会法院的案件涉及的都是些无利可图的东西——比如几捆稻草或者一堆锅碗瓢盆，那么主教和教会执事还会热衷于受理诉讼吗？”

“一面是国王的法官，一面是主教的法官，如果我的仆人们没
68 有搞清这二者间的关系，那么麻烦就大了，他们会失去一笔很好的生意。为了给契约关系建立起一套理性的准则，我等待了多么长的时间呐？教会法姐姐摆出一副无比严谨的架子，带着几乎是轻蔑的目光；她绝不会相信，那样的事情居然也可以被我们变得理

性。可是我所做的一切不过是常理而已，我让缔约各方遵守协议，而不是告诉他们：‘你们不用承认什么协议，除非你们履行了一套庄重的宗教手续’。我的姐姐一只手拿出一套仪式，迫使人们做出庄严的承诺，可是另一只手却又把这些承诺抽走了，方法不外是那些矫情的免责条款和证明规则。”

“相比之下，我更喜欢自己的行事风格。一件事情的结论本来很简单，但通向这一结论的道路却被弄得拐弯抹角、云山雾罩——我和我的姐姐都曾以此为名，相互指责，这样的指责实在是太多了。”以上是普通法女神的知心话，我们应该对此有所感触。我们或许走得太远了，再这样下去就有信口开河、哗众取宠之嫌了。

法庭之间存在着管辖权之争；在我们体系内部，各种程序手段之间也存在着相互竞争。这些程序手段或新或旧；或许是永久性的，或许是实验性的；或许极为便捷，或许极为难缠——它们都获得了一定意义上的成功。但这一切都不是我们直接关心的问题。可是这一切却又都是司法权扩张过程当中必不可少的因素。



类案诉讼，这是我们在几乎所有的工作当中都必须掌握的工具。有一点可能会让我们感到奇怪，我们会发现，那些有关传统普通法的伟大理论，它们显得高屋建瓴，但其基础实际上却又非常薄弱。通常情况下，我们在“类似案件”(in a like case)当中构建起一套固定的诉讼程式，只要某个案件与这种程式存在一定的相似性，这次诉讼似乎就无法阻挡了。但事实上，这样的情况只占少数，多数的古代诉讼程式由于过度僵硬而无法被适用，这倒不是因为诉因本身有什么缺陷，而是因为诉讼程式被大量的程序性问题所缠

69 绕,这些问题碍手碍脚、相当累赘,而且遍布诉讼的每一个阶段。

这里,我们要提到一位大学者所犯的错误,这个错误在过去很少被提及。布莱克斯通曾经猜测,简约之诉[①],也就是现代一般意义上的合同诉讼,针对的是13世纪时的违约赔偿令状[②]:这个猜测很聪明,但是鲁莽而且毫无根据。幸亏他没有比柯克的报告走得更远,否则,他可能还会在侵权法中找到相应的源头。

今天,当我们遭遇有关简单债务(Debt)和盖印合同(Convenant)[③]的案件时,已经没人再去使用简约之诉了,甚至也不会有人去考虑报账之诉[④],尽管这种程式乍看上去似乎比较好用。侵害之诉和欺诈之诉(Deceit)才是真正管用的诉讼程式,他们出现在13世纪晚期,并且在国王和政府的行动当中扮演了某种特殊的角色,正因为如此,他们才相当程度地从那些古老的程式当中获得了解脱。在现代普通法当中,任何一种救济,只要它涉及一般的民事

① 简约之诉(违反简式合同请求赔偿之诉,action of assumpsit):针对违反简式合同的损失而提起赔偿的诉讼程式,一般仅针对协议明示的情况,后来扩展到默示或推定的情况。该诉讼分为两类:一类针对因默示或推定而产生的合同纠纷,称为普通简约之诉(indebitatus assumpsit),多用于货物销售、运输和劳务酬金的给付问题;另一类针对基于协议明示而产生的合同纠纷,称为特殊简约之诉(special assumpsit),多用于违约或合同条款不明确的情况。——译者

② 违约赔偿令状(writ of Covenant):针对违反盖印契约进行索赔所需要的令状。——译者

③ 盖印合同之诉(违反盖印合同请求赔偿之诉):违约赔偿诉讼程式的一种,仅适用于盖印契据"deed under seal",不能适用于没有盖印的契约。早期普通法理论当中,合同诉讼一般按简约之诉处理;但是,如果合同涉及加盖特定印章,则适用盖印合同之诉;如果合同涉及特定的财产给付义务,则适用简单债务(Debt)之诉。但是实践当中,正如原文所述,这三种诉讼程式存在混用的情况。——译者

④ 报账之诉(Account,实际是account render的简写):对因某些信用关系而应向他人提供账目却拒绝提供之人提起的诉讼。——译者

法律事务,那么它的祖先必定就是这两者之一;简约之诉比较特殊,它是两者的混合物。

侵害之诉保护实际的占有(actual possession),过去如此,现在也是如此;它还扩张到了其他一些相关领域,在这些领域当中,他保护占有的权利(right to possess)——这又与占有本身区别开来(虽然这种区分并非完全必要)。这种占有的权利针对有形财产,也针对许多附着在无形财产之上的排他权利。侵害之诉的效力扩张恐怕一直就没有停止过,中世纪的时候没有,其他的时候也没有;我自己就曾认为这种扩张在现代已经停止,现在看来,这种看法还是失之操切了。复辟以后,在处理货物销售、运输、价款支付等问题时,通过"一般诉因"[①]这一大胆而有效的创新,有关普通合同和准合同的诉答程序都被极大地简化了。

某些欺骗行为并不违反合同,长期以来,似乎也只有衡平法院才能对付这样的骗局,可是到 18 世纪末,通过针对欺诈案件的诉 70
讼,普通法也开始了针对这类行为的打击。不久以后,也就是不到半个世纪之前,有人试图将这类案件当作违约来起诉,一群博学而富有影响力的人士立刻起而反对,紧接着又是更多的反对和更猛烈的批评。诚如我们最近所见,这类案件现在终于找到了一个正

① 一般诉因(common counts):在一个普通简约之诉(indebitatus assumpsit)当中,可能涉及多个诉因(count),早期的普通法诉讼程式要求将这些诉因分开,一个一个地进行审理。这样会极大地增加诉讼成本,拉长诉讼周期。为应对这一弊端,有的原告在庭审过程中不再按诉因的类别提出诉讼请求,而只是简单地列举出货物或劳务及相关款项的往来情况,以此说明:被告未按承诺履行义务。这样的所谓"诉因"被称为"一般诉因"。一般诉因在 19 世纪曾经风行一时,1873 年被《司法组织法》所废除,现在在美国的一些州仍有使用。——译者

确的立足点，它走向了刑事诉讼，这种处理方式在英格兰得到了确立。当时我在上议院和上诉法院经手了很多类似的案件，那时我正好是法律报告[①]的编辑。在这些微妙的问题上，美国法律取得的进步更为扎实，他们也因此而备受赞扬。

我们现在正处于一个最时髦的阶段当中，在这里，我们发现反对意见不再是来自体制外，而是来自体制内。普通法女神的势力范围在不断地扩大，但有时也会暂时性的缩小，有时也会保持不变——毕竟，有节制才会有进步。她的周围围绕着很多勇敢的骑士，他们中的一些人似乎比其他人更为大胆。在某些案件当中，这些鲁莽的骑士们做过了头，他们甚至对人们的法律自由进行了非法侵害，当然，这样的行为都遭到了切实的制止。可是另一方面，他们的行动又遭遇了诸多掣肘，这一点令人遗憾。在英格兰，类似问题造成的损失几乎无法弥补。我的朋友，哈佛的威利斯顿教授[②]对英国上议院在德里诉皮克案[③]中的判决大加挞伐，他认为这

① 法律报告是英国官方编定的，公开的司法案例集。波洛克在1895年被任命为该报告的编辑。——译者

② 塞缪尔·威利斯顿（Samuel Williston，1861—1963）：美国当时最著名的律师之一，哈佛大学法律教授，美国统一商法体系的积极倡议者和推动者。——译者

③ 德里诉皮克案（Derry v. Peek）：发生于1889年，普通法侵权法上的著名案例。被告皮克是一家轨道运输公司的董事长，该公司在其招股说明书中称，公司的运输工具是蒸汽机车而不是马车，但是随后该公司有关蒸汽机车的运营申请却未获英国政府贸易部批准，已经购买了公司股票的股东因此状告皮克涉嫌欺诈。英国上议院的终审判决没有支持股东的诉讼请求，理由是皮克在发出招股说明书时没有料到自己的运营申请会被驳回，因此其行为不构成欺诈。该判决确定了侵权法上"欺诈"（deceit）的一个必要条件：既被告必须明确知道其相关陈述为假，或者对其真实性缺乏信赖，又或者对其真假缺乏必要关注。该案及其之后引发的争议促进了"欺骗"（fraud）、"疏忽"（negligence）、"注意义务"（duty of care）等一系列概念的分离和发展。——译者

样的判决狭隘而且过分复杂，在美国，这样的批评来得不算太晚。无论如何，这都是一些陈年往事了，作为衡平法律师，我在很久以前把能说的就都已经说了。

在我们的女神开疆辟土的过程中，如果说类案诉讼是她的右手，那么拟制就是她的左手；又或许我们的女神有很多只左手，很多只右手，就像是印度的那个女神一般。

有了拟制，那些冗繁的不动产诉讼就被弃置不用了，约翰·多伊和理查德·罗伊①，他们就像舞台台阶边上的两个精致的木雕， 71
他们支撑起了这样一个戏台，整出戏虽然不那么清晰，但却免去了更多的麻烦[*]，从而让演员们可以各司其职地继续演下去。

① 约翰·多伊和理查德·罗伊(John Doe and Richard Roe)：收复可继承不动产诉讼中的两个虚构人物。"驱逐之诉"(ejectment)是古英格兰长期存在的一种诉讼：只有承租人(leasee)依据租地契约(lease)租用土地后，发现该地块被第三方(ouster)非法占有，并试图将第三方逐出时，才能提起这种诉讼。到15世纪以后，另一种形式的诉讼请求开始大量出现：土地所有者死后，其继承人发现继承的土地被他人占有，故试图将非法占有者逐出。确定继承人及继承顺序的法律程序极其冗长繁琐，而且这类事物通常属于领主法院管辖。为了能够审理这类案件，普通法院的法官们对"驱逐之诉"进行了改造：首先，虚构一个名叫约翰·多伊的人物作为原告；然后再虚构一份租地契约，内容是该土地的继承人(事实上的原告)曾经将该土地租给约翰·多伊使用；然后再虚构一个叫理查德·罗伊的人物作为被告，他非法侵占了约翰·多伊租来的土地。实际的被告当作第二被告(secondary defendant)，他对土地的占有被看作是从理查德·多伊那里转移而来的。传票被送给实际的被告，传票上的原告是约翰·多伊，传票通知被告：如果他不来应诉，那么理查德·罗伊将面临缺席审判，其实际结果也就是实际的被告被逐出。实际的被告如果应诉，必须承认上述拟制的真实性，故只能依靠其所有权(title)进行抗辩。此类拟制在1852年被废止。——译者

* 那些基本的不动产诉讼程式，或许都应该得到简化和整理，就像在美国很多州当中已经完成的那样。在这个场合说这些问题，可能有偏题之嫌，很抱歉。如果我此前还说了什么偏题的话，在此也表示道歉。——作者

有了拟制，我们就可以不容分说地推断：一个人已经承诺清偿他所欠的债务——简约之诉就这样扩大了它的适用范围，而这些范围在形式主义者看来本应是属于简单债务之诉的。

差不多就在我们这个时代，威尔斯[1]和他的弟兄们发明了一种极为巧妙的新式拟制，这是一整套方法：某个机构对相应事项本没有管辖权，但是通过这套方法，它可以假称自己拥有管辖权，并据此提供救济——这样做可能是出于好意，也可能是出于恶意；没错，几个不知名的中世纪傻瓜翻了翻罗马法的术语，然后说出了几句愚蠢的格言，拟制就这么产生了。

通过拟制，我们的女神借用了一位更加高贵的女士的名字，奇普区的圣玛丽勒伯教堂，就这样，她的权力之手越过重洋，使莫斯廷长官吃尽了苦头[2]。

我们可以很轻松地嘲笑这些拟制，说他们不过是前辈们病急乱投医的结果。从外表上看，这些拟制显得稀奇古怪，甚至荒唐。但就在这荒诞之下，每一个案例都蕴藏着一个明确的正义原则，而要彻底实现这些原则却又无他路可走。很多人跑到财政署寻求救济，追讨欠款，声称这些欠款使他们无法履行自己对国王的债务。

---

① 约翰·威尔斯(John Willes，1685—1761)：英国著名律师、法官，民诉法院历史上在任时间最长的首席大法官(共 24 年)，在任期间，他经常使用拟制手段受理本不该由民诉法院受理的案件。——译者

② 法布雷加斯诉莫斯廷案(Fabrigas v. Mostyn)：发生于 1775 年，莫斯廷是米诺卡岛(位于地中海上的马洛卡群岛北部，现属西班牙，当时是英国殖民地)的地方长官，米诺卡岛居民法布雷加斯到王座法院控告莫斯廷对其进行了非法监禁。庭审焦点集中在：米诺卡岛不在英国本土，那么该案是否可以适用英国法律。大法官曼斯菲尔德将米诺卡岛拟制到伦敦的“奇普区，圣玛丽勒伯教堂所属教区”的管辖范围内，从而解决了这个管辖问题，使莫斯廷遭到败诉。——译者

实际上，他们不欠国王一分钱，但是通过发放管辖令状[①]，财政署从一个纯粹的财政机构变成了一个法庭，他与王座法庭和民诉法庭相互配合，并且最终与他们在权力和声望上完全平起平坐了。王座法院自己也会通过拟制而插手某些类型的案件，其做法甚至更加的明目张胆。 72

《令状统一法》(Uniformity of Process Act)、《普通法程序法》(Common Law Procedure Acts)、《司法组织法》——一步一步，父辈们和我们推倒了过去那些古怪而凌乱的脚手架，但是离开了这些脚手架，上述的这些法律大厦却又都无法完成。

接下来，我们讲第三种方法：当我们发现或者急迫地感觉到法律的某些特定缺点时，我们可以通过立法手段对其进行直接修正。乍一看，这种方法应该是最管用的，但前提是我们能够有效地操控它，如果相应立法由一个不懂技术的人来操作，那结果很可能是一场灾难，甚至更糟。在我们这个时代，立法当中的技术性问题一般都会交给法律界的杰出人物来处理。这样的立法方式其实很早以前就已经出现了，只是当时我们还没有注意到。

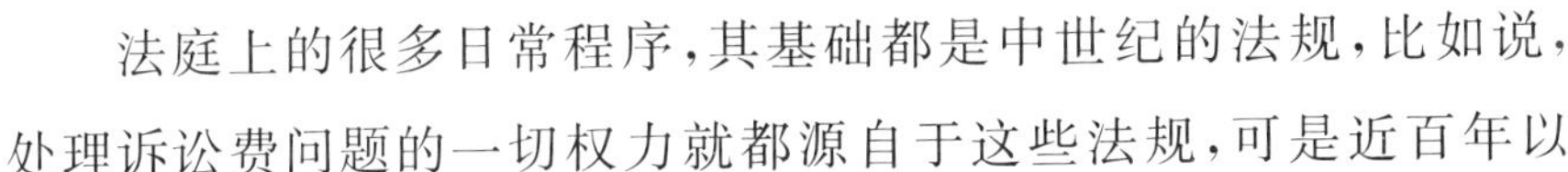

法庭上的很多日常程序，其基础都是中世纪的法规，比如说，处理诉讼费问题的一切权力就都源自于这些法规，可是近百年以

① 管辖令状(Quo minu)：财税法院发行的一种令状。财税法院(Court of Exchequer)一开始只能管辖与国王财政有关的案件，从14世纪开始，为扩大其管辖权，简化相关案件的诉讼程序，在管辖令状当中出现了这种拟制：首先由原告向财税法院的法官宣称，他是国王的债务人，而被告对其欠下的债务使他无力清偿对国王的债务，被告因此间接地影响了对国王债务的履行。财税法院就这样获得了相关案件的管辖权。——译者

来，现代律师们已经看不到这些法规了。到18世纪，人民对早期的诉答制度进行了部分的修改，这场改革为布莱克斯通所记录和缅怀，对此，人们也几乎就快要遗忘了。

到今天，上述的那些条款很多已经被废弃不用了，替代它们的是一批设计更为精良，内容更为广泛的新法。当然，其中的一些新法非常糟糕，完全是一塌糊涂——毕竟，好的律师有时也会陷入到权宜之计的泥潭当中。还会有很多不可预知的因素在实践当中冒出来，很多法律也因此被证明完全失败了。没办法，体制固有的缺陷在这种有限的修改当中总是无法获得解决。一个天才的补锅匠也就只能干点修修补补的事情，再说，补锅匠通常都不是什么天才。在这种事情上，没有什么方案可以放之于
73 四海而皆准；况且很多当事者甚至对相应领域的历史也是一知半解。



是啊，一个法规经历了长时间的修修补补，下一步会发生什么，下一步该做些什么，专家们对此恐怕也很难预料。况且外行们也开始插手立法工作，这是现代立法面临的一个很大问题。对此，一种不太可取的补救方法就是故意设置许多技术性补充条款，这些条款晦涩难懂，而且让外行们感到极为厌恶。人们对律师大加指责，以后还有更多更严厉的批评在等待着他们，可律师们却总是认为自己在这方面懂得比别人更多。

法律正面临着一场更大规模的变革，这场变革是实质性的、建设性的，它并非是迫在眉睫，但前面提到的那些问题都将或多或少地卷入其中。普通法的精灵正徘徊于一种混沌的介质当中，“法学

的愉悦之光”[1]在这里晦暗不明，令人忧伤。从一定程度上讲，这是法律界本身过失。如果没有立法，我们该怎么办——对此，法官和律师们都懒得去想，懒得去试；他们既没有这方面的才智，也没有这方面的愿望。

最后，我们讲第四种方法。那就是对程序和司法系统进行大规模地、有意识地全面重建——这非常勇敢，很多普通法以外的国家就进行过这样的改革。但这种改革多半是源于政治问题或者民族问题，而非是单纯的法律问题。我们可以联想到的例子首先就是欧洲大陆的那些法典——他们是实体法的系统性自我重构——这样的做法在普通法领域还非常罕见。

这种庞大的计划带有一个严重的缺点：法律总是会被不断地修正，而这样的计划似乎没有给未来的修正留下足够的空间；新的条款必须套用在旧的法律当中，新的形式主义由此应运而生，到头
来，改了半天相当于没改。对此，一个比较值得推荐的解决方法 74
是：对法律进行周期性的修订，但据我所知，这样的做法还很少被付诸实践。

在英格兰，人们走上了另一条道路，不那么雄心勃勃但效果却也不错，那就是授予法院一种不断修正法律的权力。让印度政府



---

① “法学的愉悦之光”(the gladsome light of jurisprudence)：爱德华·柯克的名言。参见爱德华·柯克爵士、托马斯·利特尔顿爵士、托马斯·考文垂(Sir Edward Coke，Sir Thomas Littleton，Thomas Coventry)：《柯克论利特尔顿的简明读本》(*A readable edition of Coke upon Littleton*)，第752页，桑德斯和本宁法律出版社1830年版。——译者

修改他们的程序法典并不是一件容易的事情，即使有专家的帮助，即使没有议会制造的困难，这项工作也足以使立法机关精疲力竭；相比之下，我们的法官可以比较容易地修改“最高法院规则”（Rules of the Supreme Court），而那实际上就是一部程序法典。在英语国家，类似的修改将会取得更好的效果，只要法律界有心去做，只要法律界的热忱能够得到公众的理解与支持，一切都不在话下。

在我们的国家，法律技艺和法律职业（mystery）已经变得神秘了（mystery）[①]；到今天，公众对法律语言越来越熟悉，但他们依然觉得那是一种高深莫测的语言；而这，正是公众向这种职业支付报酬的原因之一。最后，我要再一次强调，解决一切问题的最好方式，是让法院对他们的固有权力具备充分的认识和理解，并且让法院有勇气去使用这些权力。当然，在做到这一切的同时，我们还需要确保法律的内在结构或规则不至于受到破坏。



① 作者在这里给 mystery（职业）加了一个注释：原文为：Ministerium (mod. French métier) not mysterium。意思是：拉丁文中 Ministerium（职业、技艺），相当于法语中的 métier（职业、技艺），而不是拉丁文中的 mysterium（神秘物质）。——译者

# 第六章　联盟与征服

前面我们讲到了普通法的斗士们如何与内部的麻烦和外部的 75
敌人作斗争的故事。从现在开始，我们要说说普通法女神在开疆辟土方面取得的重大胜利。这些胜利很少或者说全都不是靠武力得来的，它来自于一种明智的联盟以及毛遂自荐。女神不会以战争的方式来实现自己的征服，她就像一位贤明的君王，邻居们都乐意与她交友；她的政府是一个有益的榜样；而通过互惠的贸易，邻居们都被她的政策吸引到了她的身边。

普通法借用了，或者说有可能借用了其他法律系统的内容——这一点被很多著作所提及。夸大外来因素的重要性一度变得很时髦；但在晚些时候，记得就是在不久前，某个学派又开始对外来因素大加贬损，他们被一种日耳曼式的思潮所裹挟——这是民族主义思潮的一部分，这种思潮在 19 世纪的欧洲经历了普遍的复兴。在这里，我们一定不能陷入到那种大而化之的历史思维当中去，我们必须明确自己作为一个普通法学生的目标，那就是成为法律家，而不是历史学家，我们已经被历史学家和博古学者玩弄得太久了，这些人对法律要么一窍不通，要么就一知半解，而后一种情况可能更糟。

经过几代人的传承，现在，英国的教科书作者们已经开始准备
书写“民法”(the civil law)的神奇影响，但他们对这个法律体系缺 76

乏第一手的了解，哪怕是其中的一个概念；又有人开始妄谈封建制度的传奇故事，虽然这些故事在英格兰从未发生过；还有人飞向了另一个极端，他们对所谓"马克制度"[①]深信不疑，尽管这个制度在地球上从未存在。他们严加论证，编造出一套自己的法律理论，希望将这些理论统统变成权威观点，在他们看来，任何遥远的传闻和未经证实的主张都可以被当作是历史事实。

这种轻佻风气的泛滥很有可能源自于一位伟大的执业律师——爱德华·柯克爵士[*]，他的历史意识很少，但却树立了一个很坏的榜样。如果柯克能有斯贝尔曼[②]那样的学者式思维，如果他能拥有近似于约翰·塞尔登[③]那样的独特学识和判断力，如果他

① 马克制度(Mark system)："马克"(古德语：march)，意为边界或者边界内的土地，古日耳曼人的一种社会组织，以自由民为主体，规模通常不大，其成员共同占有生产资料，共同劳动，既是一个联合性的生产共同体，又是一个自治性的政治共同体。马克制度在19世纪中期由德国史学界提出，代表人物是历史学家及政治家冯·毛莱尔(G. L. von Maurer)。至19世纪后期，有英国学者提出，马克制度通过盎格鲁-撒克逊人的征服被带到了英格兰，因此它是英格兰古代法律制度的社会基础。马克制度作为一种历史学说，自问世之日起就备受争议，至今依然如此。参见W. 斯塔布斯(W. Stubbs)：《英格兰宪法史》(*Constitutional History of England*)，卷一，1891年版。——译者

* 最近有人称柯克为文盲，这样的指责有欠公允。他的拉丁语序言写得的确不漂亮，但也并没有装腔作势；也没有什么证据表明，他写这些文字有什么困难。他并不是一个培根式的学者，极少有律师算得上学者。——作者

② 斯贝尔曼(Spelman)家族：16、17世纪英格兰著名的学者家族，老亨利·斯贝尔曼(1562—1641)是著名的博古学者，"古代宪法"(ancient constitution)思想的开创者之一；其子约翰·斯贝尔曼(1594—1643)是著名历史学者，著有《阿尔费雷德大帝传》；其侄儿小亨利·斯贝尔曼(1595—1623)是第一批美洲土著语言文化专家。——译者

③ 约翰·塞尔登(John Selden，1584—1654)：英国法学家，古代法和犹太法学者，英国古典自然法思想的开创者之一，维科将其与格老秀斯和普芬道夫并称为"自然法家族三杰"(three princes of doctrine of the natural law of gentes)，参见：詹巴斯蒂塔·维柯(Giambattista Vico)：(《詹巴斯蒂塔·维柯的〈新科学〉》)(*The new science of Giambattista Vico*)，托马斯·伯金、马克斯·菲什英译，康奈尔大学出版社1984年版，第94页。——译者

树立起了这样一个榜样，那么，我们或许可以赶在德国人之前就建立起一个历史法学派。到了今天，我们都明白：既要学习法律，也要学习历史，这样才能打下一个牢固的基础。而我们的法律学校长期以来也的确奉行着这样的教育方针。我们的教育已经结下了累累硕果，而且以后一定还会取得更大的成就。还是让我们回到现实中来吧，我们应当满足于那些既有的可靠的知识，如果我们尊重并且广泛地了解这些知识，我们会发现，它们其实已经完全够用了。

和英语一样*，普通法所含的质料可谓是五花八门、混糅杂成，但它始终保持着一种独特的构造、独特的个性，而这种个性的
精髓又在不断的竞争当中生存了下来——这一点也和英语一样。 77
我相信，在与其他法律体系的竞争当中，普通法从来没有落过下风，很多时候，她还取得了一定优势。这个问题困扰着一位好奇的学者，他引用一位法国作家的话问道："盎格鲁-撒克逊人的优势究竟是什么？"①

* 我们不能把英语当作是唯一值得尊重的语言。现代波斯语在类比逻辑方面就非常出色，这一方面来自于其极度精简的语法，另一方面也来自于阿拉伯语词汇的输入。我的东方学功底太过浅，所以我也不知道波斯文学对这种类比逻辑究竟接纳到了什么程度。在乌尔都语，也就是南印度的上流社会语言当中，我们也可以看到大量的波斯语词汇，包括那些输入波斯语当中的阿拉伯语词汇，这些词汇被加入到了印地语当中，但印地语本身的初始结构并没有发生变化。罗曼语的因素对英语的基本结构产生了影响，而在前面的两个例子当中，虽然也有外来语言形式的大量输入，但这种结构性的影响却并没出现。——作者

① "盎格鲁-撒克逊人的优势是什么"（A quoi tient la supériorité des Anglo-Saxons）：法国教育家德莫林（Edmond Demolins）1897年创作的一本书，书中描写了英国人先进的教育理念和优秀的民族性，主张以此为榜样，改革法国教育，改良法国的国民风气。有趣的是，另一位法国学者菲利普（M. J. Philipp）于1899年几乎是针锋相对地写出了《相对于盎格鲁-撒克逊人，法国人的优势是什么》（*A quoi tient la supériorité des Français sur les Anglo-Saxons*）。波洛克所谓"好奇的学者"指的应该就是他。——译者

某些人认为：我们的法律就是比别人的法律更加合理，更加正义，这源自于我们这个种族的某种内在品质，而这就是我们优势的来源——如果回到柯克的语境当中，我们一定不要被这样的自大情绪所缠绕。对现代文明当中的其他法律体系，我们越是深究其理，在术语和程序性的差别背后，我们越是能感到各体系间其实并不存在多大差别。伦敦的法官就是比爱丁堡的好，多伦多的法官就是比蒙特利尔的好——只有满怀偏见和神经错乱的人才会这样认为。此外，我们还想尽办法，让那些有志于学习我们法律的人们能够比较容易地适应，而这一点，是最老一辈的那些普通法斗士们所不愿提及的，在他们看来，这并不值得骄傲。事实证明，普通法一直具有一种同化吸收能力，通过对外来因素的不断吸纳，这种能力还会不断增强。在普通法质朴的幼年时代，这种能力可能就已经形成了，那时候一定存在着某些比较有利的条件。我前面所说的这些内容并不完整，但愿还算得上正确合理。

我们的法律在 12 和 13 世纪显示出截然不同的两种面貌，当时多种司法权并存，而普通法掌握的似乎只是其中的一种。但这种司法权在当时是那么地受人尊敬，那么地不容置疑，因为它被看作是国王权力的某种特殊表现形式。国王同时也承认并且保护其他的司法权，但情况并没有这么简单，比如教会的司法权，它与其说受国王的保护还不如说与王权平起平坐，甚至自称
78 要高于王权。那么离开国王，普通法还有什么其他的特色吗？有的，一个很大的区别在于：其他的法律都是特殊而个别的，但

普通法却不是——普通法与等级无关，与血统无关，它所关心的是整个王国及其居民——“英格兰的法律和习惯”①，这是对他的风格最为贴切的描述。而教会法（canon law），作为普通法最大的竞争对手，正因为它是普世通用的，所以它在英格兰反而显得个别化了。

教会法毫无疑问可以约束基督徒，但他也仅仅就是基督徒的法律，在这里我们不去谈论那种司法——它经常被自教皇以下的主教们提起，比如达勒姆主教，他和世俗的贵族一样，是所属辖区的司法者——这种司法和那种以教会法为依据的司法可能还有所不同*，其本身是世俗性的，而非宗教性的。毫无疑问，普通法也假设国王这一范畴大体可归属于基督徒之列，就这一意义而言，国王也应服从教会；没有什么证据表明，持其他宗教信仰的人们（比如犹太人，如果他们不是实践中唯一的例子）有权向普通法女神寻求保护，在中世纪末期甚至更

① “英格兰的法律和习惯”（拉丁语：lex et consuetudo Angliœ）：普通法的别名。早期普通法，由于其法源多为英格兰当地的习惯法，这些习惯法以司法判决的形式被发掘出来，因此其经常被称为“英格兰的法律和习惯”。在波洛克的时代，这个词同时也等同于“不成文法”（lex non scripta），与“成文法”（leges scripta）对立。——译者

* 在英格兰，达勒姆主教②的世俗法对国王的法律亦步亦趋，乃至于出现了这种情况：主教的世俗法庭，以主教的名义，对主教本人（作为一个精神法庭法官）发布禁令。——作者

② 达勒姆主教（Bishop of Durham）是中世纪英格兰一个特殊的横跨教俗两界的职位，历史悠久，在诺曼征服以前即已存在。作为神职人员，他是达勒姆郡的主教，也是英格兰国王加冕时的三位护卫主教之一，在教会中地位显赫；作为世俗贵族，他拥有贵族的一切权利，是该郡的最高执政者，同时还在英国上院拥有一个席位。因此该主教也时常被称为“亲王主教”（The Prince Bishop）。——译者

晚些时候[*]，情况都是如此。然而有一点是非常清楚的，即所有生活在英国版图上的人们都要服从英国法，服从于国王法庭之法，除非他们能提出一些特殊的反对理由。这就是“普通法”这一概念的意义所在。

正因为如此，普通法女神顺理成章地攻克了其他一切司法权
79 的阵地；无论这些司法权存在的基础究竟是什么，总之，他们重新夺回地盘的机会已经很渺茫了。普通法女神就此被委以全权，她知道如何夺走，也知道如何给予——整个过程显得高贵、准确，让人问心无愧——那是一种最为高明的慷慨，一个天赐的秘密。女神像圣母一般展开她那宽大的斗篷，孩子们受到她的欢迎，被她保护，被她收养，被她绝对地拥有。只要条件成熟，只要关系足够的亲密，她会谨慎地与她的对手，甚至是可能的敌人交朋友。

在她所有的盟友和伙伴当中，衡平法当居首位，他与普通法共居于英格兰这片土地上，却并没有被普通法所完全支配。他们互

---

* 以王室权威的名义，爱德华一世仅仅凭借一纸法案就将犹太人逐出了英格兰[①]，似乎没人质疑过这一行为的合法性。普林在共和国时期撰文激烈反对重新接纳犹太人，文章里使用了大量中世纪传说，这些传说认为犹太人杀死基督徒小孩做活人祭祀，或者对这些孩子行割礼。据推测，国王可以在任何时候将他的保护作为一种特别奖赏提供给个别犹太人。但是在我看来，在那次放逐以后，还是有犹太人出现在英格兰，但是大家都假装没看见，这种宽容是非正式的，也是不稳定的，当然也就不会有什么赔偿活动。——作者

① 爱德华一世曾于 1290 年驱逐英格兰境内的所有犹太人，并没收其所有财产。直到 1656 年，犹太人才重新获得了在英国的正式居留权。普林（Willian Prynne，1600—1669）：英国法学家、文学家，英国文艺复兴代表人物之一，激进新教文化的旗手。对英国国教和犹太教均持强烈批评态度。——译者

相争吵的日子已经过去，况且这种争吵在当时是否是认真的，这一点现在也很难确定。在某些方面，他们的确有过冲突：随意的管理带来了成本的增加，自然正义又令人无法捉摸，16 世纪人们对此大加抱怨。但这种抱怨只是一种一般形式的摩擦，它们被用来掩盖那些不可告人的意图——两大法律体系在合法性标准的问题上相互竞争，人们讨厌这种竞争。不管怎样，在那场有关判决和强制令的战斗中，詹姆斯一世和培根终于如愿以偿，打败了柯克[1]。但那场战斗在今天看来也已经太遥远了。

说些近一点的事情，普通法与衡平法之间的这种相互嫉妒在大洋彼岸的美国司法当中也可以找到某些痕迹，这些光辉业绩是由新教徒们留下的，而且如果我没弄错的话，它们多半源于政治而非法律。而在英格兰，普通法和衡平法一旦找到了他们正确的立足点，两者的关系立刻就变得和睦而有益了，这惠及了英美两国，也惠及了其他很多国家。两大法律系统都被迫要去理解对方，从而又反过来更好地理解自己。衡平法使普通法变得凝练，普通法使衡平法变得清晰。在以后的日子里，我们会发现，那些曾经被认为是难以捉摸的衡平法规则，骨子里其实都是普通法，而且还是很 80

[1] 这里的“战斗”指 1615 年的“牛津伯爵案”(Earl of Oxford's Case)。长期以来，实现普通法判决(judgment)的救济方式几乎只有一种，那就是物质上的损害赔偿(damage)。而在 16 世纪逐渐发展起来的衡平司法创造了一种新的救济方式，即强制令(injunction)，它以命令的形式强制被告为一定行为，例如停止侵害或者恢复财产原状等。在 1615 年的“牛津伯爵案”当中，在普通法庭审(其主审法官是爱德华・柯克)当中败诉的一方随即在衡平法院提起诉讼，衡平法院发布强制令，停止普通法判决的执行，两大司法系统因此陷入严重对立。矛盾最后交由首席检察官(Attorney General，也可译作“国王首席法律顾问”)弗兰西斯・培根裁定，培根裁定：在普通法和衡平法发生冲突时，衡平法优先。——译者

好的普通法。

我们建立了细密的制度，禁止用衡平法就一个纯粹的法律问题做出裁决；长久以来，我们也明白，一个好的衡平法学家必须具有坚实的普通法功底；而在现代，不动产法当中似乎又有太多的事务被衡平法律师所掌控[①]。对此，我们差不多都抱持着一种传统的态度：毕恭毕敬却又保持距离，其中还透着一丝轻蔑和怀疑。可是没过多久我们又发现，一个人如果没有起码的衡平法知识，也不可能在普通法领域获得声誉。这就是所谓的"融汇"时代[②]，在这个年代早期，年轻的读者们还可以在法律报告中看到这样的事情：在古老的法律学校里的，那些顽固透顶的普通法律师还在骄傲地宣布，自己对于新的法律系统一无所知，这样的行为虽然显得古风盎然，却已明显不合时宜了。

可是另一方面，布兰维尔宣布自己绝不采纳推定欺诈理论（这让他洋洋自得，大概现代商法当中的推定占有和推定交付更容易获得采纳），与此同时，鲍文却指出：吉赛尔，作为那个时代最伟大

---

① 19 世纪以前，普通法院和衡平法院在管辖范围上相互重叠，双方都有不动产法上的管辖权，而且不动产法还是普通法院最重要的管辖事项之一。经过 19 世纪末、20 世纪初的一连串司法改革，传统上的普通法院（包括王座法院、财税法院、民诉法院等）与衡平法院一道，都被整合进了新的高等法院（High court of justice），成为了高等法院的一个庭（division），而不动产法上的管辖权则大部分被划给了高等法院的衡平法庭（Chancery Division of High Court of Justice）。——译者

② "融汇"（fusion）：19 世纪末期，准确地说，是 1873—1875 年司法改革前后，人们在立法和司法实践当中，都试图将普通法和衡平法规则整合为一个统一连贯的法律体系。在这个时期，普通法院和衡平法院的界限逐渐被取消，重新整合的新法院系统可以在一个案件当中既适用普通法规则，又适用衡平法规则。后世因此将这个时代称为"融汇"时代。——译者

的衡平法律师（或许只有凯恩斯能与他齐名），也过分低估了普通法资源的价值。鲍文的言辞极为谦恭，其观点更为公道，也更富有建设性[①]。

如今，衡平法司法的许多创造都已经转化为普通法规则，众所周知，这就是我们大规模引入罗马法的主要诱因。在这里，我们有必要重提兰德尔在多年以前提出的一个警告：那些早期的衡平法官，他们的知识和他们遵循的程序的确可以说是罗马化的，但这一判断并不是在现代学术分类的背景下进行的。英格兰以外的法学 81
拥有两个相互竞争的分支，其一是教会法，其二是民法，衡平法法官们遵循的是前者而不是后者。但是，当我们在 13 世纪到 17 世纪之间探寻罗马法的影响时，我们却会把这些影响和现代版本的

① 布兰维尔（George William Wilshere Bramwell，1808—1892），1865 年起任财税法院法官；鲍文爵士（Charles Synge Christopher Bowen，1835—1894），1879 年起任高等法院王座庭法官，以言行举止优雅得体著称；凯恩斯伯爵（Hugh McCalmont Cairns，1819—1885），英国政治家、法官，19 世纪中期上院保守派领袖；吉赛尔（Sir George Jessel，1824—1883），当时公认最优秀的律师之一，1871 年起曾任掌卷法官（masters of rolls）。四人都以不同的方式参与了 19 世纪末的那场司法改革。鲍文是改革过程中王室最重要的法律顾问之一；凯恩斯是司法改革在政治上的主要支持者之一；布兰维尔直接参与了 1862 年公司法和 1875 年司法组织法的制定；吉赛尔则是普通法和衡平法“融汇”之后，尝试适用新法的第一代法官，为新法的实际适用作出了贡献。

普通法当中，欺诈（fraud 或 deceit）成立的必要要件之一是当事人有欺诈的主观意图（参见第五章注释“德里诉皮克案”），后来衡平法当中发展出一种“推定欺诈”（constructive fraud）理论——在无法证明当事人有欺诈意图的情况下，如果当事人的行为造成了严重损害，依然认定为欺诈。供职于财税法院（属于普通法院系统）的布兰维尔对这种衡平法理论未予认同——在本段当中，这显然被波洛克看作是“融汇”过程中的一种反复。同样，鲍文所供职的高等法院王座庭传统上属于普通法系统；吉赛尔所担任的掌卷法官，是文秘署的下辖机构，属于衡平法系统——前者对后者的批评也显示了“融汇”的艰难。——译者

罗马法大全对应起来，这种做法是非常不科学的。

输入衡平法的那些教会法规则，一部分可能来自于纯粹的民间知识；一部分来自于与教会司法的直接接触，但这种情况并不太多；还有很少的一部分来自于海事法。1857 年以前，在英格兰，适用教会法的部门与适用普通法的部门是截然分开的，直到那时，“遗嘱检验、离婚和海事庭”[①]依然保留着他们古老而特殊的法律与程序。普世的自然法规则，这无疑是中世纪智慧[*]最著名的产物，它与普通法之间究竟有着怎样的联系，这更值得我们去关注。高贵的理性原则（principle of Reasonableness）弥漫在我们的法律当中，它几乎被称为是现代普通法的生命，这一原则与自然法之间就有着非常紧密的联系。圣日耳曼[②]在《教师与学生》序言中，就非常清楚地指出了这一点，可惜三个半世纪以后，他的话已经无人知晓了，相对而言，他可以算得上是我国历史上的第一位法理学家。有关自然法的这些内容，我在我其他的作品当中也曾提到过，

① 遗嘱检验、离婚和海事庭（Probate Divorce and Admiralty Division）：高等法院的一个庭，1875 年由遗嘱检验法院（Court of Probate）、婚姻案件法院（Court of matrimonial causes）、高等海事法院（High Court of Admiralty）三个法院合并而成，1971 年撤销，其职能被并入其他法庭。——译者

* 中世纪的律师和经院学者们在编辑希腊和拉丁文献时，究竟加入了多少自己的创造，对这一点，学界存在分歧。在我个人看来，这种创造还是不少的。——作者

② 圣日耳曼（原文 St. German，全名 Christopher St. Germain，1460—1540）：早期普通法学家，新教学者。他的代表作《教师与学生》（拉丁文：*Dialogus de fundamentis legum Anglie et de conscientia*，英文：*Doctor and Student*）最早作于 1528 年，全文以对话体的形式写成，讨论普通法与“良心”（conscience）的关系，被认为是衡平法理论的开山之作；在布莱克斯通的《英国法释义》问世以前，该书是普通法学生标准的入门读物。——译者

对此，我的朋友，也是我在牛津的继承者——维诺格拉多夫教授[①]还考证出了很多非常有趣的细节，并发表在了上一届的柏林历史学大会上。在典型的中世纪英国法的时代里，国王的法官们对自然法就已经有了相当程度的了解，并且有时会直接以“自然法”的名义去适用它（虽然，按照圣日耳曼所说，这种情况并不太多）——对“年鉴”进行合理的批判性研究，这是一个不错的论题，也许可以带给我们一些新的启发。

对“商法”（Law Merchant）——这个自然法当中最为实用的 82
分支，我们现在也有了相当程度的了解。这是普通法女神在自然法当中取得的最大收获。在它的刺激之下，整整一代法律人锐意创新，构筑起一个庞大的体系，这些人也因此而得以青史留名。国王的法律始终在一定范围内承认商法的效力，皇家特许证甚至还规定了它的适用范围[*]。偶尔也会有人试图通过一般形式的诉讼来解决问题，这种做法一开始是公开的，后来就只能借助于拟制，将其作为特殊的地方习惯法来审理了。国王的法庭不会允许将当事人置于非国王法律的管辖之下，这一点是很清楚的，只是在合同方面，并没有一个通用的规则，因此只能给予商法一定的承认，除

① 维诺格拉多夫（Sir Paul Gavrilovitch Vinogradoff，1854—1925）：生于俄罗斯，著名历史学家、古代法学家，是英格兰封建制度研究的权威人物，于1903年接替了波洛克在牛津大学的讲席。——译者

* 参见蒙塔古·布洛斯（Montagu Burrows）：《雅茅斯市场的法庭》（*Court of Yarmonth Fair*），五港联盟[①]出版，第170页。——作者

① 五港联盟（Cinque Ports）是英吉利海峡西端多个（最初是五个）港口城市组成的一个自治性联盟组织，英王承认其拥有一定范围内的海事司法权。雅茅斯（Yarmouth）是该司法权管辖下的一个重要渔港。——译者

此之外别无他法。

简约之诉此时正在不断地扩张，不只是作为一种程序，更是作为一种思想。这样一来，商事案件在普通法院就有了立足之本。在法庭上，当事人不再是受到商法的统治，他们只是同意将自己至于商事习惯的约束之下。仅就这一点而言，商法在 17 世纪就已经成为了普通法的一部分，即便是在曼斯菲尔德法官展开他的工作之前，布莱克斯通也可以毫无困难地认可这一点。复辟以后，商人们希望到国王的法院来进行诉讼，我们也不清楚这是为什么，但是我们可以推测：一方面，相应案件的国内管辖权本属于贸易行会，这些行会的成员可能是英国人，也可能是居留于英格兰的外国人，但在那个时代，由于经济上的种种原因，这些行会都已经垮台了；另一方面，地方市场法庭和海事法庭（maritime court）的程序显得简单而草率，很难在实体上保证其判决的确定性。不过情况也有可能是这样，这些地方法庭的执行权力，除了收入之外，可能还蕴藏着某些令人垂涎三尺的东西。



83 在伦敦，当衡平法院遇到这些陌生人带来的商事案件时，他们只能援引“衡平法院的自然法”，他们的一般做法是将这些案件提交给一个商事委员会以及麦林[①]，麦林本人描述过这种情况，同时他也认为这种处理方式缺乏效率。将商事案件转入普通法审

① 麦林（Gerard de Malynes，1586—1626）：17 世纪初英国对外贸易的主要管理者之一，现代贸易管理制度的重要开创者，重商主义经济学说的代表人物。商人出身，进入政府后曾身兼多个职务，包括英国政府贸易顾问，铸币委员会（commissioner of mint）委员，铸币检验专家（assay master of the mint），西属尼德兰事务委员会委员等。著有大量著作，内容涉及商法、贸易政策、货币政策等。——译者

理，这曾经被很多人所渴望，现在，这种转换只需要两步就可以完成了。

第一步：一方当事人宣称，根据商事习惯，双方达成协议这一事实已经被证明——我们只能将这种陈述仅仅视为一种形式，或者说，将这种形式仅仅看作是对缔约意图的确定证明。这种做法至少在 18 世纪早期就已经出现了。

第二步：我们不再将商法视为一种外来法，因此我们就不用像过去那样，在每一个案件当中，都对相关法律的真实性进行举证证明；现在应该做的，只是提请未来的法官们注意，案件当中究竟有哪些问题与商法知识有关——这项工作留给了曼斯菲尔德法官[①]。就这样，大部分商事习惯（假设那确实是大部分），就完全名正言顺地转化为普通法规则。从普通法的角度来看，这是一次巨大的胜利。

另一方面，我们普通法女神的朝廷既然接纳了商法，商法对此也应该有所回报，它应当服从普通法庭的程序及其附属权利——其中还包括制定法，比如“防止欺诈法”[②]。到 19 世纪中期，议会

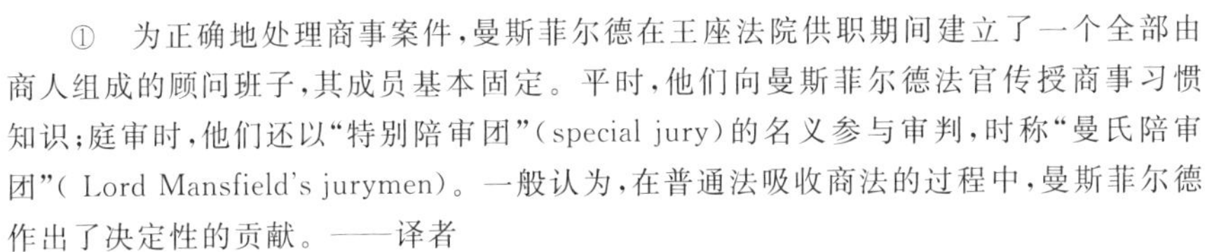

① 为正确地处理商事案件，曼斯菲尔德在王座法院供职期间建立了一个全部由商人组成的顾问班子，其成员基本固定。平时，他们向曼斯菲尔德法官传授商事习惯知识；庭审时，他们还以“特别陪审团”（special jury）的名义参与审判，时称“曼氏陪审团”（Lord Mansfield's jurymen）。一般认为，在普通法吸收商法的过程中，曼斯菲尔德作出了决定性的贡献。——译者

② 防止欺诈法（Statute of Frauds）：全称“防止欺诈与伪证法”（Act for the Prevention of Fraud and Perjuries），1677 年通过的一部制定法，其宗旨是在证据法不发达的时代，在当事人无法提供适格证人的情况下，减少合同欺诈。它规定有关地产权益转让、不动产遗嘱、信托声明或转让和其他某些特定种类的合同均需采取书面形式。此法实施之后，其内容和立法原则遭到广泛批评。——译者

又试图对此有所补偿，方法是在票据案件当中适用一种新的简易程序（summary procedure），后来又把这种程序推广到所有出现清偿债务要求的案件当中，该程序适用于诉讼中的某些中间环节，一旦适用，在这些环节当中就不存在实质性的辩护程序了。在今天的英格兰，至少半数以上的诉讼环节都不再设辩护程序了，就凭这一点，我们就可以毫无疑问地将第十四号令（现在它已经进入了我们的最高法院规则）①列为现代诉讼程序当中最有益的发明之一；历史证明，它的出现应该归功于商法，尽管商法的贡献间接的。

84 在即将离开曼斯菲尔德法官的时候，让我们对他做一个评价：作为一个苏格兰人，他有意无意地追随着苏格兰的传统：那不是律师公会（Inns of Court）里那种孤僻狭隘的岛国意识，而是一种普世性的法理观念。他的这种秉性，使那些鼠目寸光的对头们对他大加指责，可是如果离开这种秉性，普通法对商法的和平征服恐怕就很难完成，即使完成，其效果可能也要大打折扣。我们的普通法女神能将威廉·穆雷招入麾下的确是幸事一件，这件事仅仅只用好运来解释恐怕还不够。我们不介意将此归功于那位明智的国王，无论他是不是清楚这位法官究竟干了些什么，总之，是他将这

① 最高法院规则（Rules of the Supreme Court，简称 RSC）：1883 年版本的《司法组织法》（Judicature Act）建立了可以同时适用普通法和衡平法的“最高法院”（Supreme Court），“最高法院规则”就是指导该法院民事诉讼程序的规范性文件。该规则由议会的法令（order）和法案（act）两种文件构成。其中第十四号令（Order XIV）的主要内容就是前述的“简易程序”（summary procedure）——传统普通法当中，就案件的每一个事实和法律问题，无论其与案件结果是否存在重要联系，都要适用完整的诉答程序，其中包含了大量的申请、保留、辩护、反诉，以及对反诉的辩护等等。十四号令省略了大量的类似程序，使整个庭审过程变得更加紧凑快捷。——译者

位法学翘楚吸收进了他的法庭[1]。曼斯菲尔德的确也有过失败的经历，他在一条狭窄的路上走了太远，他所作出的那两三个判决，对我们来说，不像是榜样而更像是警告。他那些失败的尝试也造成不了什么太大的恶果，它们出现得太晚，一套稳定的规则体系已经建立，要在其中插足已经不可能了。

大约就在这个时期，普通法对商法的吞并业已完成，我们的女神开始通过各种各样的方法，在海洋的那一边扩张她的影响力。英国的殖民者来到一些地方，那里过去根本就没有文明的法律体系，于是他们就把英国的法律简单地照搬到了那里——这不是我今天要说的那种情况；我要说的一切，都发生在一个已经拥有自身传统或法律体系的地区。

某些历史环境可能会非常特殊，如果真是这样，我们可能会对殖民地居民制定的地方法律感到好奇。但是谁也没听说过哪个殖民地适用的是苏格兰法律，即便是在新苏格兰（Nova Scotia）[2]。但是，如果在“合并法案”[3]通过之前就存在这么一块苏格兰的殖



① 这里指的是英王乔治二世，1727年至1760年在位，曼斯菲尔德就是被他提拔为王座法院大法官。乔治二世除了是英国国王以外，同时也是德意志的汉诺威选帝侯，其大量时间精力花在了对汉诺威的治理和德意志内部的政治军事纷争当中，时人认为他对德国事务的关注程度要远高于英国事务。——译者

② 新苏格兰（Nova Scotia）：加拿大东部省份，苏格兰人是当地的第一大民族。——译者

③ 合并法案（Act of Union）：英格兰与苏格兰两国议会于1706年签署的“合并条约”（Treaty of Union）经两国议会批准后即成为“合并法案”，法案将英格兰与苏格兰两个王国合并为“大不列颠联合王国”（United Kingdom of Great Britain），现代意义上的“英国”（Great Britain）由此正式形成。——译者

民地,情况又会怎样呢?我们假设,那时候有一条船,它在格拉斯
85 哥注册,从克莱德河驶出,那么这条船究竟应该适用什么法律,这可能还真是一个理论问题。那时候,不列颠的米字旗既不属于英格兰更不属于苏格拉或者爱尔兰。这样的一条船如果到达了一个无主的岛屿,那么船员们究竟应该受何种法律管辖呢?

当然,最实际的答案是,英格兰和苏格兰两国的现代海商法要么一模一样,要么就是国际通用海洋法的一部分。但是这里并不存在一个全不列颠范围内的权威,因此也就不能假设说英格兰的法律,比如他的海商法,就是全不列颠各民族共同的海商法。虽然我也听说过另外一种说法,它试图将对类似于"优先合伙人"[①]那样的理论进行扩张,然后用扩张出来的理论去解决陆地上的法律冲突。可是,英格兰法律和苏格兰法律发生冲突的可能性能有多大?而他们和其他法律系统之间——比如在缅因和安大略——发生冲突的可能性又会有多大?即便是最冒失的人,也绝不会将这二者相提并论[②]。

在此,我们开始接触到了普通法女神的小秘密,或许那也是整个法学家族的秘密——聪明的学生总是会发现一些问题,但这些

① 优先合伙人(predominant partner):一般用来描述英格兰在联合王国当中的优先地位。合并法案通过后,英格兰和苏格兰的议会合并为"大不列颠议会"(Parliament of Britain),会址设在伦敦威斯敏斯特,其议事规则与以前的英格兰议会一无二致,且苏格兰的议员也只占少数,因此在谈到联合王国的内部关系时,人们习惯称英格兰为"优先合伙人",这种说法也被当时的英国官方人士所采用。——译者

② 这里的意思是说:英格兰法律和苏格兰法律发生冲突的可能性小,但是他们与其他法律发生冲突的可能性就很高。缅因(Maine)和安大略(Ontario)都是北美洲的地名,这两个地区最初都是法国殖民地,后来又都被英国所占领,因此英裔、法裔居民杂居。——译者

问题，在律师和专业人士看来，都应该在实践中尽量地回避，这种回避是沉默的，只做，不说，它深植于人们常识性的思维当中。

只有一种法律——普通法，她随着不列颠的旗帜跨过窄海，走向世界；不列颠的旗帜去往何处，普通法的精神就跟随而至，英文字母恐怕都跟不上她的步伐。虽然时常得不到官方的支持，但我们的法律照样走遍四方，留下她的足迹。当然，我们不能指望她的每一部分都能有这样的影响力；各地相距遥远，其司法体制各有不同，我们也不能指望她在哪里都一成不变；事实上，这种一成不变的移植根本就不存在。人们对英式法律的模仿，最主要体现在刑法和宪法方面；商法方面也不少；与财产权（不包括不动产产权）相关的私法方面也有一些，但其中的契约（obligations）理论又比较少；不可否认的是，几乎没人会去模仿我们的不动产法、家事法和 86
继承法，英国的法律家们也不会向别人推荐这些法律。

这其中，最成功的要算是英式的刑法，它是如此的成功，乃至于在其他法律体系之下的人们看来，它已经很难再算作是英国的专利了。在与其他法律体系的竞争中，英式刑法在实体方面可谓丝毫不落下风，这一点无需证明；换句话说，可能根本就不存在什么真正的竞争。

我们刑法在实体方面的优势并不是来自其诉讼程序。这些程序当中包含了一切可能的缺点。他被各种古老、笨拙的概念所缠绕，经过几个世纪毫无统一规划的司法建设之后，这些概念变得愈加的晦涩难懂。这其中最糟糕的例子莫过于普通法当中的“盗窃罪”（larceny）；这一概念由布拉克顿从罗马法术语当中改编而来（尽管不是字面上的照抄），但布拉克顿自己对这一概念就缺乏了解，他的后继者们就更别提了。一个行为，它是盗窃呢，还是什么别的什么罪行呢，又或者它就根本不是罪行，这似乎是一个辩证法式的智力游戏，这个游戏在最后可以区分出各种不同的判决意见，这些意见陷入到了那些极其细微的思考当中，而这些思考与是非曲直几乎毫无关系[*]。在这个领域，制定法提出的方案也好不到哪儿去。这个窟窿最终还是被补上了，方法就是一次又一次的成文立法，这些立法也同样缺乏连续性的计划，同样充满了各种的缺点，在内容和起草技术方面都是如此；随着立法带来的新规则和修正案的不断堆积，过去那些错误的基本概念反而成为了金科玉律，没法再触碰了。

87 乍一想来，一个人似乎犯有大量罪行，可是往下一想他又好像根本无罪——实践中出现这种情况的场合倒也真还不多，说起来也真是奇怪。不知用了什么方法，普通法女神硬是在那些混乱的理论当中抽象出了一整套法律规则。这套规则不仅可以为实践者们所充分理解，可以满足日常所需，还在大体上赢得了公正和仁慈的美名[**]。



法官在案件中会使用自由裁量权，对此抱怨之声总是不绝于耳。在一些下级法庭，或者当法官在执行过程中做出赦免（pardon）裁定时，这种抱怨之声会变得更为猛烈。法官的自由裁量权

---

* 我知道有一个人，他完全弄懂了有关“盗窃罪”的法律，这个人就是最近的那个R. S. 怀特爵士。——作者

** 在对惩罚和刑罚规则的认识这一问题上，我们经历了一次类似于革命的过程。此外，为阻止权力滥用，我们的法律在很早以前就采取了很多措施，这一点我们比其他法律系统做得更好，所有这一切全部来自于实体立法。我们应该明白，前面说的一切刑法问题都与这两个因素相关。——作者

的确很大，但是在英格兰，如果大规模地削减这一权力，恐怕带不来什么好处，舆论也不会欢迎。乍看之下，如果要让我们的刑法像不动产法那样实现法典化，这似乎是一个不可能完成的任务，但和其他部门法一样，我们可以将这个任务交由刑法自己去逐渐完成。在法典化之后，我们刑法当中那些固有的优点将变得更加清晰，正因为如此，我们的刑法也将在成文法体系当中征服更多的领地。

相应的法典，我们可以将其划为两类：第一类存在于英属印度，在那里，普通法从来就没有生效过，因此英式的刑法就被修正，被简化，被系统化，最终形成了一部法典；第二类则存在于很多说英语的地区，在那里，司法判决催生了众多成文规则(statute)，为了能够将刑法法典化，人们就将这些规则搭建组合了起来。

印度刑法典很早就建立起来了，比我们的爷爷生活的年代还要早，他的主要起草者是麦考利[1]。半个世纪之前，这部法典在英属印度就已经停止了使用，但它在很大程度上还是被照搬到了那些受英国统治和影响的地区：从香港到苏丹，还包括锡兰——我们发现那里曾是罗马—荷兰法的领地。

在印度，东印度公司的法庭曾经试图适用古兰经当中的刑法 88
规则，这些规则是德里的莫卧儿朝廷为了推进社会的现代化而颁布的——公司的法官们是真诚的，他们付出了巨大的努力，但却未

① 麦考利(Thomas Babington Macaulay，1800—1859)：英国政治家、历史学家、诗人，19 世纪中期英国辉格党的代表人物。1834 年被任命为英属印度政务总理委员会(Governor-General's Council)法律委员，一直致力于为印度制定一部符合当地实际情况的刑法典，其建议在 1857 年印度反英大起义后被采纳，法典于 1860 年获得通过，以后又被推广到英国的其他殖民地。——译者

获成功。令我感到奇怪的一点是，1859 年麦考利去世之后，哈里特・马蒂诺[①]宣布，麦考利的法案已经彻底地失败了——其实马蒂鲁的知识范围非常广，但很多时候都是一知半解。她可能是跟从了某种哲学上的激进观念，这种观念对辉格党人不分青红皂白一律排斥。麦考利过去攻击过约翰・密尔，马蒂鲁们对此尤其耿耿于怀。到 1860 年，麦考利的刑法典终于获得了通过，它如此完美，需要修改的地方很少，这样的法典还是非常少见的。

让我们转向另一种模式，在这种模式当中，普通法被简化，被成文化，服务于那些从欧洲文明当中走来的移民——类似的情况还发生在锡兰，这是一个值得我们注意的例子。在加拿大的魁北克省，下加拿大(Lower Canada)那些古老的法国法律依然在民事案件当中被适用，在英国人征服该地区之后，英式的刑法很快就被引入，而且很显然，这并没有遭到什么反对；现代的加拿大刑法典因此得以在全国范围内实施。毛里求斯是另一个例子，它是英国的直属殖民地，其刑法是英式的，而民法则是法式的。以上的这些地区情况各不相同，但普通法对它们的征服是都在拿破仑法典颁布之前完成的。其中一些地区在后来逐渐被英国化，这个过程是从刑法和公法开始的。特立尼达另是一个独特而有趣的例子。这个岛在 18 世纪末被西班牙占领，但岛上的英国官员并没有被赶走(零星的任免除外)，古老的西班牙法律居然由他们来负责实施，于是从一个部门法到另一个部门法，各种规则都紧随英国法律，有时



① 哈里特・马蒂诺(Harriet Martineau，1802—1876)：英国社会学家、经济学家、作家，被认为是英国第一位女性社会学家。一生著书近五十部，她是奥古斯特・孔德著作的首位英文译者。——译者

候是紧随盎格鲁-印度法律，比如成文的程序条例——这块殖民地的几乎所有民事和刑事法律，实质上都是英国化的，只有一个部门 89
例外：在西班牙的殖民地，婚姻问题天然属于罗马教廷管辖，英国的官员们无法适用罗马教会的法律，也无法将主教当作是一个与政府平行的权威，更无法去引入一种新的司法——况且岛上的几乎所有居民都对这种司法的道德正当性持否定态度。其结果是，特立尼达岛上的婚姻司法管辖出现了真空。

英国刑法特殊的规则体系能够带来一定的好处，但它的吸引力显然不仅于此，或许这种吸引力很难单纯地用法律原因去解释。一面是公民的权利，一面是治安官的职责和权力，在几乎所有存在争议的诉讼程序当中，这两者之间的矛盾都会有所表现。在民事司法当中，这一矛盾还并不常见。但在刑事司法当中，这就成了最重要的问题，甚至是唯一的问题；比起民事司法，刑事司法的后果更加严重，而且这种后果还会以非常夸张的形式表现出来。我们的父辈们殚精竭虑，构想出了一套有关自由与公法的思想，这套思想主要体现在刑法领域，它们被注入到了权利法案（Bill of Rights）当中，而生活在美国联邦宪法和各州宪法治下的公民们对此已经非常熟悉了。这些问题被写进了英国和美国那些有关公共权力（特别是有关刑法）的著作当中，而这些著作在全世界四处传播，在近两个世纪的时间里，其基本假设已经成为了无可争辩的公理。

刑事诉讼，套用英国人的一句老的俗话来说：已经不仅仅是对低级犯罪进行的暴力镇压，它已经进入到了一个更高的层次（have a far higher scope）。刑事判例与各国政府的特殊习惯紧密相关，

从英国到美国，从加拿大到澳大利亚，判例呈现出一种多样化的态势，这种态势目前还是方兴未艾；但是以上各国法官在处理类似诉
90 讼时，都秉承着普通法的基本政治原则，这些原则平等地属于我们所有的这些国家，毕竟，我们都有着同一个祖先。

正是由于这种深层次的政治意义，我们的刑法超越其技术性的外表，获得世界性的影响力。我们的刑法与公民自由的观念紧紧相连，这种观念不仅为他国所称羡，更为他国所仿效，即使在那些完全视普通法为外来物的国家也是如此。陪审团审判在 19 世纪得到了推广，这大概是法律制度史上最具重大意义的事件之一。这种精巧的技艺，其部分技术细节借用自某个外国法律系统。至于实践中，我们对这些外来技术是否充分了解，是否足够审慎，在此我们就不再深究了。

我们英国人，或者说是文化意义上的英国人(men of substantially English)一直受着普通法的训练和熏陶，但是罗马法系统或者罗马化了的其他法律系统，还是会在某些普通民事案件的审理过程中和我们正面遭遇。比及于发生在公法领域的竞争，私法领域的竞争似乎不那么显眼，但也绝非毫无意义。其中最主要的例子包括南非的罗马—荷兰法(锡兰也有一些，但是规模较小)，以及魁北克省的法国法。英国人征服这些地区时，那些古老的欧洲法在当地就已经存在；征服之后，这些法律还被小心翼翼地保留了下来，同时被保留下来的还有人们对于法官职权的认识，这一认识阻碍了普通法规则的渗入。在与上述法律系统的接触当中，我们会发现，我们的普通法女神给予的多而索取的少。

如果说，我们的法律当中存在着一种特别独特的规则，一个不

太容易被外国人(甚至是一个苏格兰律师)所理解的规则,那么这 91
个规则一定就是“对价”(Consideration)。粗看之下,“对价”似乎很浅显也很合理:法庭确保当事人受到其协议的约束,但如果协议中的一个承诺是无偿的,那么法庭将不会强制当事人履行这个承诺,除非双方当事人举行过一个郑重的仪式(这种仪式在当时很少出现,或者说,很少被完整、正确地举行)。但实际上,“对价”规则并不是这样运行的,官方对它的表述也没有这么简单。对一般的案件来说,一个粗略的陈述就差不多够用了;可是另一些案件,其案情虽说不是闻所未闻,却也非常独特,人们因此在逻辑上进行了过分的雕琢,将整个程序变得非常精细但却令人费解,这就产生出了一套特殊规则。

契约(contract)孕育出了罗马法上所说的“债”(obligation),但这一概念绝非是普适性的,现代法律中的相应内容,据我所知,也绝非是从这一概念当中派生出来的。可是上面所说的那些有关“对价”的特殊规则偏偏就被嫁接到了罗马—荷兰法之上,在南非,至少有一个司法系统干过这样的事情。这样的做法似乎不怎么讲究,尽管我对此抱着极大的尊重,但我还是忍不住要质疑:这么做是否管用?无论如何,那已然是一个既成事实了。

魁北克的人们走得更远,在我们这个年代,他们已经颁布了民法典。英式法律在其中不是主体,但某些术语还是在法典的用语当中留下了痕迹。更加值得注意的一点是,魁北克的律师和立法者们通常都不是普通法科班出身。最近,在德国还出现了一部新的法律,它和我们的法律非常相似,几乎是完全的照搬,而且还把我们的各种规则混合在了一起;比较特殊的一点是,整部法律经过了系统性的重新设计，而这些设计者们，无论从学识上还是技术手段上看都可谓是顶尖高手。我们法律的痕迹，在受到德国民法典影响的临近地区出现了，或许在更加遥远的地方也会出现。不久以后，这一切将在法律史上留下有趣的一笔。

除开立法中的实际内容以外，普通法在其他方面的影响也同
92 样显著，在不列颠的旗帜所及之处，我们的司法鉴定技术和司法习惯都会广受欢迎，这一点几乎没有例外。我们的司法判决基本是排他性的，任何非司法意见，哪怕它来自于最博学的头脑，也不能和司法判决混为一谈——这一习惯广为传播，其影响远远超越了英国法律的传播范围。

在有些地方，人们对我们法律的模仿可能过火了。在印度，人们引用印度最高法院的判例，引用司法委员会[①]上诉案件的判例，甚至引用英国法院的判例，这种情况随处可见。可是当地的律师们对普通法不甚了了，而法官和治安官们恐怕也是如此；他们引用的判例，据我估计，大部分不是来自于法律报告，而是来自于二手的课本。他们甚至将英国不动产法当中的很多技术性规则也搬到了印度，人们也不想想，面对当地的习俗和实际情况，这些规则是否有被合理适用的可能。某些印度法官（其中一些还在高等法院供职），他们已经忘记了：他们所执行的法律（就其严格意义而论）并非是英国法本身，而是“正义、公平与良知”——这一理念在英国

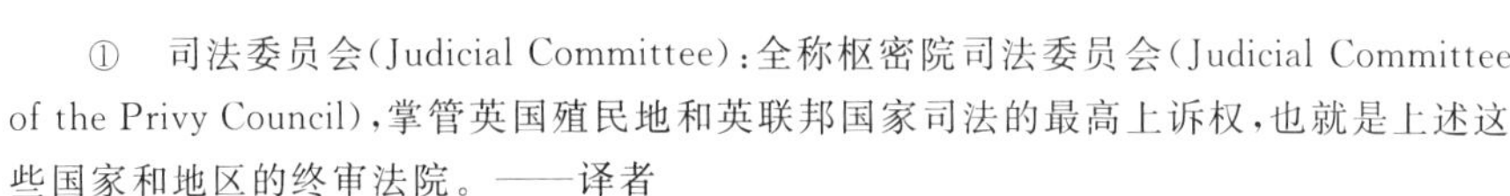

① 司法委员会（Judicial Committee）：全称枢密院司法委员会（Judicial Committee of the Privy Council），掌管英国殖民地和英联邦国家司法的最高上诉权，也就是上述这些国家和地区的终审法院。——译者

法学长期而适度的实践中得到了理想的诠释，而这种理想状态目
前已经不复存在了。盲目而且原封不动地照搬英国法律会将聪明
的印度人引上歧途——程序更复杂，实效却更差。同样是外行，英
国的起诉者对这样的程序兴许还能略知一二，而印度的起诉者可
能就完全是一头雾水了——普通法的名声将因此而遭到贬损。人
们会继续对普通法表示尊敬，只不过，这种尊敬有的是来自于慎思
明辨，有的则仅仅来自于盲从。但谁都不会对普通法女神的错误
表示欣赏。就像其他身居高位的统治者一样，我们的女神需要采 93
取措施，让他的官员们具备完整的常识和判断力。

以上，我们快速地浏览了许多内容，有人可能会因此而得出这样的结论——比及于世界上所有现存的（或者说是可能现存的）法律体系而言，我们的法律具有一种本质上的优越性——这样的想法既不明智也不公允。事实是：与政府的权威和说教相比，我们的法律更具独立性，它更难界定，却反而因此具备了更强的支配力。对于我们法律的这种特质，梅特兰找到了一种恰当的表达方式：普通法，无论它到底是什么，它都极为坚韧。是否有一种充满活力的德性，它比坚韧层次更高，更有价值——伦理学家对此可能会作出判断（他们已经判断了，而且内容各异，互不相容）。如果这种德性真的存在，那么在万事万物之中，它必将脱颖而出。

# 第七章　市场遇险

94 在前面的内容当中，我们已经提到，普通法并不附属于任何特定的政治制度，它可以和任何政治制度协调配合，只要这种制度能在实质上保障正义与自由。但是法律规则偶尔表现出来的具体形态还是会受到当下流行的政治理论的影响。同样的道理，我们的普通法女神也不会自诩为经济学家，对于关税一类的事务，她也不会有什么明确的看法。曾经有一段时间，她试图去探究这样一个问题：在与国家收入相关的法律当中，公民的义务大概是什么？这样的一种探索值得赞赏，至少她没有在外来理论面前躲躲闪闪；但目前这已经不是什么权威理论了，或许从来就不是。

可是女神一直没有放弃一个念头，那就是在经济领域建立起一套司法体系；她的仆人们想尽办法，希望法律能在这里得到一以贯之的实施，就像在其他领域那样。在理解这一意图的过程中，我们不能将自己陷入到某个学派的教条当中；不能让那些普遍规律或者经济政策束缚住我们的手脚。如果有人问：普通法究竟是哪一边的？是支持私人经营还是政府干预？我们将没法回答这个问题；这相当于一个更大的政治问题：普通法是个人主义的还是社会主义的？我们只能说：都是，又都不是。

在立法过程中，经济学家和政治家们所青睐的各种理论都会对法律的具体形态产生影响，这一点毫无疑问；但是各种理论又都只是流行一时，因此一项长期存在的法律制度必定会经历大量的 95
修改；而随着这些学说的此消彼长，立法决策的倾向也会不断发生改变。这种波动在制定法当中较为剧烈，在案例法当中则相对温和；引发这种波动的意见，很少来自于大众舆论或者政党，它们大多来自于专家，或者是那些被认为是专家的人们。而那些通过司法来创造法律的人们，他们是大众当中的一员，但他们又来自于一个受过教育的阶层，这个阶层在领袖意图和大众舆论之间居中调解，舆论也受到他们的牵引。

如果问我们的女神，在处理这些问题时，最基本的原则是什么，那么这个原则可以用很短的一段话来概括：在一切适宜进行自由竞争的领域，普通法鼓励竞争；但普通法更加青睐的是一种秩序，这种秩序来自于公共权力所施加的约束，而这种约束则要依靠联合起来的个人意志（combination of private interests）去施行；无论是竞争还是秩序，普通法的着眼点都在于让全社会普遍获益（common advantage），而绝不在于那种想象当中的纯粹自然权利。

我们所熟悉的那些历史观念带着很强的现代特征，我们必须小心，以免在一开始就被引上了歧途。法律鼓励自由竞争——这没错，但这话原本的意思并不是指所有人之间的无限竞争。中世纪的商人或者店主是一群有特殊资质的人。在开始自己的生意之前，他们都经历过一个学徒阶段；当他们在自己的行会或者行业中获得“自由”（freedom）时，这种“自由”就成为了一个特权身份的名称（这是中世纪语境当中的普遍情况），这种身份是通过一种特殊的训练而得来的，这类似于现在的知识职业（the learned profes-

sions)。一个人一旦成为这些行业或者自治组织的正式成员，那么他就拥有了从事其天职(calling)或者“法定行业”(lawful mystery)的确定权利，对此他人不得干涉；同时，这个执业者的邻居们
96 也有权从他的专业技术工作当中获益。现代思想鼓励机会均等，每个人——无论其有资格还是没资格，都可以参与到一种不加限制的竞争中来，人们认为这样就可以自动地保护公共利益，这种观点有他的好处，但这是一种现代的而非中世纪的观念。“特许状”(franchise)将一部分利益排他性地赋予了一小撮人，这种情况在我们的法律当中很常见；比如经营渡船的排他权利。这样的权利和领主的权利或许还有所不同；封建制——这个词被过度滥用了，我们不能用它来描述所有行业中的那些古代从业者。

对商业自治，普通法没有意见；如果在某个地方，某种贸易的具体数量受到了限制，普通法也没有意见；普通法的意见只有一点：不能滥用特权，以致产生垄断。中世纪的立法者们很早就已经认识到了垄断的危险；他们也知道，对一切形式的垄断要加以谴责，这样就能获得大众舆论的支持。在 1299 年或者 1300 年，一个没受过教育的法官在地方法庭向诺维奇的几个杂货商处以罚金，理由是：这几个人约定，在蜡烛的最低销售价格上彼此保持一致[*]。人们销售腐烂的粮食，对有关面包和麦芽酒的法令[①]置若罔



* 《诺维奇的庄园司法》(*Selden Soc.*，1892)，第 52 页。——作者

① 在古英格兰，政府对粮食市场施行管制。国王当局会不定期地发布法令，调控粮食价格和质量。这些法令最早可远溯至盎格鲁-撒克逊时期，到 13 世纪已经形成了常态化的制度。国王派驻地方的治安法官拥有每年定期调控粮食价格的权力，还可以抓捕劣质粮食的销售者。相关的法律在近八百年的时间里被不断修改，管制时紧时宽，直到 19 世纪初，粮食市场才基本被放开。——译者

闻，无论在城市还是在庄园的记录当中，这都是最常见的情形，对此我们无需多言。对待这方面的问题，整个中世纪社会的态度都是相同的。

手艺人的权利必须受到保护，同时他们有责任使用其手艺为公众造福，他们不能让自己在这方面无所作为。在构建这个系统的过程中，我们无疑犯下了大量的错误，其中一些现在看起来似乎还很幼稚。但这毕竟是一个自治的社会方案，它丝毫没有什么可鄙之处。世易时移，现在的社会情况和当年已经不同了，但对垄断的憎恶却传承了下来。在英语国家最近的立法和司法当中，这种 97
情绪丝毫没有减弱；而现在，和过去一样，我们需要通过明智的司法判决对这一情绪加以引导。

当君主试图授予自己垄断权，进而增加自己的财政收入时，他会发现自己正遭到人民和律师们的激烈反对；我们的普通法女神也不止一次地证明：她有决心也有能力去坚持自己的意见，无论国王的顾问们提出何种理由，哪怕是直面国王的权威，她也决不退缩。但危险并不仅于此，私人和地方性的垄断可能还会以契约（agreement）的形式被创造出来；那还说不上是一种严格意义上的垄断——某些有能力的业主，受到了竞争者或者后继者的刺激，因而就试图阻碍他人为公众服务，或者对竞争空间进行过分地挤压。正是基于这方面的考虑，大量的法律被制定出来，矛头直指涉及贸易限制的合同条款。



类似的法律派生出一些格言，这些格言被一些现代著作不加甄别地引用，仿佛它们代表了某种权威观点。在这些格言和早期的判例当中，我们会发现，某些人声称，他们不得不背离自己的天职，限制自己的工作——在这样的呼声当中我们分明可以感觉到一种极端的嫉妒。这样的嫉妒也并非都是无理取闹。只不过，古代那种纯粹的地方性贸易已经不复存在了，贸易的量和范围都在不断扩大，商业关系的涉及面也就不再如过去那般狭小了。一个商家，如果他的经营范围很大，那么在单独一种生意当中，他就很难获得别人的好感；除非作为卖方，他能够采取措施保护自己，使
98 自己免遭破坏性竞争的威胁；离开这种保护，在很多种生意当中，稳定的供货就无法得到保障，而且也很难找到买家。因此，虽然从表面上看，贸易限制在 16 或者 17 世纪非常严重，而在 19 世纪似乎就要缓和一些，但两个时代其实并没有太大区别，对这一点，我们心中有数。然后，在这个领域，我们将看到普通法女神最辉煌的一次成功。



普通法接纳了贸易限制，其间没有成文立法的帮助，甚至也没有对那些通行的权威观念表达什么不满。普通法的这一举措影响到了此后的一场改革，而这场改革又将普通法的相应内容完全纳入到了现代商业制度的体系当中。

纽约民法典①的起草者们也接纳了贸易限制，但接纳的范围非常狭窄，即使以五十年前的眼光来看也是如此——这源自于一种极端保守的观念，而当事者对此也毫不讳言。直到十年以后，英属印度当局才以立法的形式采纳了这些条款，与其说他们缺乏远见，还不如说他们心怀偏见。不明就里，盲目模仿，问题就是这么

① 颁布于 1865 年。——译者

来的。

如果平等条件下的竞争是自由的，那么人们就必须接受这种竞争带来的后果：手艺更好或者运气更佳的竞争者会不断涌现，过去的既得利益会受到影响，但人们不应为此而抱怨——法律毕竟没有授予谁垄断权。但我们对竞争究竟应该容忍到什么程度呢？当学术权威们谈及这个问题时，他们没有想起竞争当中的商人，反而想起了竞争当中的学者，这真是怪事一桩。这些学者肯定是未经授权，侵入了权威们的领地，他们动作迅速，意图明确——在现代的派别之争当中，这不难理解。

个人自由的观念统治了 18 世纪的后半期和 19 世纪的前半期，当这种观念渗入了政治和经济理论当中，与之匹配的法律后果
也就很自然地显现出来了。随着交易范围的扩大和交易形式的增 99
加，我们需要就一个度的问题作出判断——竞争应该以这个度为限，超过这个度，就是欺诈、就是压制他人。对这个问题，如果要深究其细节，就必须来一次纯粹的技术性展示，这与今天的演讲主题相悖，况且在目前的语境下这么做也没什么效果。但有一点是很明显的，一方面，当今的社会已经不再限制竞争，而另一方面，保护个人免遭不正当竞争侵害的呼声也正变得越来越强。

我们的思维总是很富有逻辑性，或者说看似富有逻辑性，如果我们死抱这样的逻辑不变（还好我们没这么干），那么个人就会振振有词地对国家说："是你让我们相互竞争，是你让我们当中的一半去毁灭另一半，是你说这都是我们的普通权利。是你告诉我们，就共同体的利益而言，这么做利大于弊。好吧，但是为什么所有的代价砸在了那些无辜的竞争失败者的头上？如果他们为共同体的

整体利益背负了痛苦，那么共同体为什么不能对他们有所补偿呢？我们可以走回到限制竞争的老路上去；也可以针对个人提供一种保障，用以弥补公共政策(collective policy)[①]所可能引发的恶果。”这样一种不受限制的个人主义将招致报应，我猜这场报应将会以一种“国家社会主义”(State Socialism)的形式表现出来——虽然这个概念用在这里可能不太恰当。

面对个人在上面提出的那些问题，我们可以给出一个肯定的答案：“这一切与国家完全无关”——这个论点一旦被接受就将是决定性的。在1825年到1875年间，该论点一度非常流行。无论这一论点的最终命运将会怎样，无论是什么左右着它的命运(它对英国立法的影响时起时落，这一切都被我的朋友戴雪教授[②]详尽地阐述了出来，这真是令人钦佩)，我们的普通法女神都不可能将自己与这样一个论点完全绑定。政治科学与法律科学的收成各有
134 100 不同，我们一定不能让自己的镰刀伸错了地方。

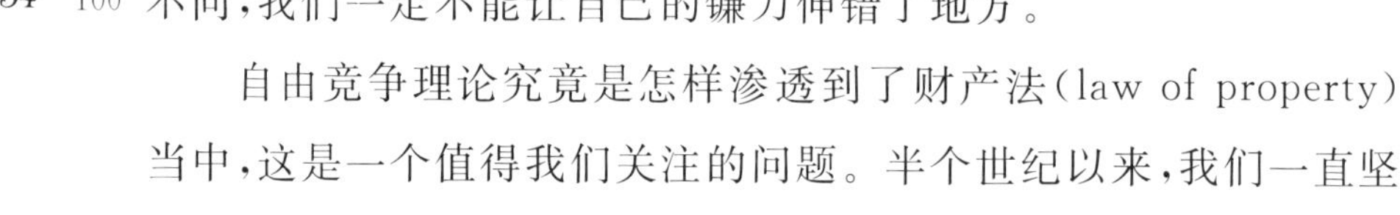

自由竞争理论究竟是怎样渗透到了财产法(law of property)当中，这是一个值得我们关注的问题。半个世纪以来，我们一直坚持：土地占有者有权以任何正常的方式利用其土地，这种利用在法

① 公共政策(collective policy)：本意是“共同保险”，既指多个人共同出资购买，共同受益的保险产品，也指这种保险的保单。这个概念后来被引申，指对共同体整体利益的保护，与对个人利益的保护相对应。密尔(John Stuart Mill)在他的《代议制政府》(*Considerations on Representative Government*)第六章当中将这个概念与“个人才能”(individual capacity)当作一对矛盾来描述，因此也有学者将其译为“集体政策”。——译者

② 戴雪：全名阿尔伯特·韦恩·戴雪(Albert Venn Dicey，1835—1922)，剑桥大学教授，英国宪法学家，著有《英宪精义》(*An Introduction to the Study of the Law of the Constitution*)，法治(rule of law)概念的提出者。——译者

律上是免责的。当然，如果其行为对邻人造成了损害，并且触犯了明确的法律条款，那就另当别论了。但是，我们不能要求土地占有者预先采取措施，防止损害结果的发生，这并非是他的义务。可是另一方面，如果他以任何非正常的行为，造就了某种危险状态，他就有可能被一种非常严厉的法律规则所钳制*（这种可能性，在各种司法系统当中有所不同）：最为古老的那些有关侵入领地（trespass）的法律将会因此而被重新唤醒——意图（intention）、疏忽（negligence），所有的这些老问题几乎都将包括在内。这是古日耳曼道德准则的遗风：如果一个行为出自于自愿，那么行为人对该行为的结果就必须无条件地承担责任。这是一种原初性的规则，非常绝对，不留余地，哪里有这种规则存在，哪里就会出现免责条款。而一个免责条款如果被认可，那么在其适用的范围以内，它自己又

* 赖兰兹诉弗莱彻案①（Rylands v. Fletcher）中的规则。——作者

① 瑞兰德诉弗莱彻案，普通法侵权法中的著名案例，该案最初发生于1860年，被告瑞兰德雇用某建筑承包商在自己的土地上修筑水库，他并未对建筑过程有任何参与和监督。水库挖掘过程中，承包商挖通了其他地块上延伸而来的废旧煤矿矿井，但未对这些矿井进行堵塞处理，也未通知瑞兰德。水库完工后，大水沿矿井冲出，破坏了临人弗莱彻拥有的煤矿，弗莱彻随即对瑞兰德提起诉讼。传统的英式侵权法实行“严格责任”（strict liability）原则，“侵入”（trespass）行为必须以被告的疏忽（negligence）或其他主观过失作为要件，且这些过失必须与“侵入”行为存在直接关联，而瑞拉德对承包商的行为一无所知，因此无法认定其行为构成侵权，包括波洛克祖父乔纳森·波洛克在内的一大批法官都持这种观点。但财税法院法官乔治·布兰维尔（George Bramwell）对此提出异议，他认为土地所有者在利用自身土地过程中，有义务尽己所能保证其行为不对他人构成危险，如果他未能履行此义务，则应直接认定其“疏忽”，这与他是否直接参与侵权行为无关。经过长达8年的诉讼，布兰维尔的观点最终在上议院获得支持，弗莱彻因此胜诉。该案的判决打破了“严格责任”原则在侵权法中一统天下的局面，将侵权行为的认定焦点从行为实施者的主观意图转移到行为本身的性质上来。后世学界一般认为该案是普通法侵权法走向现代化的重要标志。——译者

会变得绝对而且不留余地——责任(responsibility)本来被看作是一个相对古老的概念,但这样一来,一种现代的、扩张性的个人自由理念就被注入到了其中,这种新的责任观念催生出了一系列的新规则,而这些新规则与原有的责任观念之间则产生出了极大的反差,这令某些聪明的外国评论家感到十分惊讶。

一方面,我希望随心所欲,邻人是否受到损害,我懒得去关心,这大致是一种传统的立场;可是另一方面,我又冒着极大的风险,无论我是多么小心,一些美国法院的态度可能相对温和,但我依然
101 没有安全感,除非我可以证明:一切可能的注意义务,我都已履行。

和上述新规则不同,我们的财产法是个人主义的,这种个人主义的立场大致介于财产所有者与国家之间。普通法绝不会提供类似"征用权"(eminent domain)* 一类的东西。如果有战争在相应地区发生,为了军事需要,国王可以进入臣民的领地,但这绝不意味着国王已经获取了这块土地,臣民们只不过是对这种暂时性的侵扰给予了谅解而已。

国王不能为了修建公路而强迫臣民出售哪怕是一平方英尺的土地,他也无权授予任何公司以这样的权力。但类似的情况在当

---

* 我想这个概念是勒南[①]提出的,他讲述了亚哈(Ahab)和拿伯(Naboth)的故事,我们都知道,这是一次借神圣之名而进行的欺诈,亚哈真是一位聪明的统治者,他试图提出"为公共利益而进行征收"(expropriation pour cause d'utilité publiqué)这一理论,真可惜,我们这一代人与这套理论无缘。——作者

① 勒南(Ernest Renan,1823—1892):法国哲学家、作家,以政治哲学理论和基督教历史研究而闻名于欧洲。亚哈是圣经(《旧约·列王纪》上,第16章)当中记载的以色列国王,他试图得到属于拿伯的葡萄园,拿伯拒绝,亚哈的王后耶洗别(Jezebel)因此怂恿城中的长老诬告拿伯渎神,并以此作为借口将拿伯处死,最终将葡萄园转到了亚哈的手中。——译者

下还是时有发生(对此,我们不必躲闪,这种手段用得越多,现代的企业就越是离不开它),但这一切都是在成文法授予的权力下完成的。最近所有的立法都显示出一种趋势,那就是要在相关领域增强行政当局(office of the state)的能力。在这个过程中,普通法没能与制定法协调出一个折中方案,这真是令人遗憾,如果有这样一个方案,局势可能就会缓和许多。

在前面的论述中,我们看到了建立在常识基础上的法律——当然,那是中世纪的常识,我们对它稍做调整,让它与当代的常识能够相互适应。与这些设想相伴而来的还有大量的麻烦,它们像鬼魂一样纠缠着我们——在所有的公共事业当中,都存在着某些邪恶的把戏,它们拉高了所有东西的价格,特别是劳动力的价格,它们从本质上讲就是邪恶的。长期以来,议会和法庭一直在进行着一场针对劳工的战争,这段历史令人遗憾。这场战争在中世纪体制崩溃的时候就已经开始,后来劳工们起而通过组织化的方式来进行自卫,而直到这时,这场战争还在继续:人们制定了一系列的刑事法律,从"劳工条例"( Statute of Labourers)到最近出现的
一系列禁止结社的法案(anti-combination Acts),它们让普通法成 102
为了政策的奴隶,而这样的政策只不过是一种纯粹的镇压而已。

在刑法上,一个有关密谋犯罪的条款(doctrine of criminal conspiracy)被强加到我们的头上,这个条款含糊而且令人费解。而在民法上,与此相反,人们还在争论:密谋(conspiracy)本身是否有可能构成一种诉因。密谋的确会指向某个非法目的,但这一目的应当和密谋本身区别开来。

在我们女神所有的冒险活动当中,她几乎从没有受到过如此

恶劣的待遇；当她出现在人前之时（假如她最终还是出现了），她的声望是如此的低落，这也超过了以往任何时候。法条上所显示出来的混乱只是表面的，问题还会从当中不断产生，而普通法本身也成了这些问题的一部分。有人认为，只要这种情况继续下去，我们就无法找到一个受欢迎的解决方案，我对此并不赞同；我们其实可以找到一个更好的方案，也可以让这个方案获得更多的支持。关键在于我们必须进行一场有风度的辩论——我在别处也一再地重复过这个观点。无论立法采用了怎样的技术手段，法律都毫无疑问地被立法者阶层（class legislation）所操持，这个阶层一直以来都非常勤奋，但是现在，他们却正在以简单粗糙的方式回应社会的要求。

在英格兰，我们付出的最后一笔代价就是1906年的《劳资纠纷法》[①]，这是一次露骨的报复行动，对于那些古老的冤屈，真实存在的冤屈，想象中的冤屈，它都给予了救济。但它并没有在理性的基础上去建立一个公正而全面的解决方案，而是将这种救济诉诸一种歧视性的反常制度，这一制度极端狭隘，充满了阶级敌意，对自然正义少有顾忌，对法律正义更是毫不关心。

普通法女神在社会经济学领域还进行过一次颇具争议的冒



① 1906年《劳资纠纷法》（Trade Disputes Act of 1906）：英国国会立法，在爱德华七世执政时通过，该法对于有关劳资纠纷的诉权做了一项非常特殊的规定——一个试图挑起劳资纠纷（contemplation）或者加剧劳资纠纷（furtherance）的行为，如果该行为的主体是两个或两个以上个人组成的共同体（combination），或者该行为基于两个或两个以上的个人所达成的协议（agreement），那么这样的行为不可诉。反之，如果没有上述的共同体或者协议，则该行为可诉。这是英国最早的有关“罢工自由”的立法。——译者

险，在英格兰，用我们行话来讲，那叫“共同雇佣”①。在美国，你们也可以叫它“共同雇员原则”(fellow-servant doctrine)，我觉得这样叫还要更恰当一些。这是一个非常现代的免责条款——雇主原本对其雇员和代理人在雇佣劳动期间所为的行为负有雇主责任，所谓“共同雇员原则”就嫁接在了这样的一种规则之上，而这种嫁 103
接早在1850年以前就已经完成了。

“共同雇佣”这一规则确立于复辟以后，其主体并非源于古代的某个常规诉讼程式，它是在个案基础上逐步扩充的结果，到现在，还没有人对此做过专门的研究。当工匠和低级雇员们鼓起勇气向他们的主人提起诉讼时，正统政治经济学的影响力已经大为增长。一部分法官感觉自己总算找到了主心骨，他们的认识已经超越了纯粹的经验范畴，他们不愿再墨守成规了——只要能将所有的人际关系都转换为合同关系，只要将人与人之间可能存在的竞争关系发挥到极致，那么所有的事情就都好办了。这并不是说，他们试图将这种思路拓展到结婚、离婚或者其他家庭关系上去，请记住，在这时候的英国，有关婚姻的司法管辖权还掌握在宗教法庭手中。

除了合同，法官们什么都听不进去，于是很自然地，这里出现了一个问题：如果什么都是合同，那么这些合同的内容到底是什么呢？面对类似问题，衡平法曾经提出过一套截然不同的解决方案，

① 共同雇佣(common employment)：普通法上的一项规则，既雇主对工作中其雇员因另一雇员的过失所导致的伤害不承担赔偿责任，除非雇主未能尽职仔细挑选雇员和采取安全措施。该规则有偏袒雇主之嫌，因而适用范围有限，1948年才被废止，这时距波洛克去世已经过去了11年。——译者

但在1832年那些满脑子哲学思想的改革者们看来，衡平法的这套方案是黑暗的，是不符合经济学理论的；此外，一旦普通法的从业者们在衡平法院的报告里看到了什么他们不明白的东西，他们就会想当然地认为，这是衡平法学家们在胡说八道——这种成见根深蒂固。

于是乎，工匠或者小店员们，当他们因为同事的疏忽而遭受损失，当他们因为雇主的过失而遭受损失，他们来到法庭；可此时，究竟应该怎样适用普通法的规则，法官们根本就不去研究——他们走了捷径，他们依从了那种最保险的经济学理论，他们向雇员们反驳道：如果有一份合同，上面有条款规定雇主应当赔偿你的损失，那么就请你指出这个条款所在吧。雇员们拿不出这样的合同，但
104 他们还是有话要说：要求主人对他下属所犯的过失承担责任，这是普通法给予我的权利（common right），如果有一份合同，上面有条款规定我已经放弃了这项权利，那么就请你指出这个条款所在吧——这个反驳是有效的。与工人们提出的理由相比，法官们提出的理由显得更站不住脚，但法官们自己并不这样认为，他们说，在工作中因雇主或同事的过失而遭受损失，这样的风险的确存在，但这样的风险已经在雇员的工资当中得到了反映和补偿——在这条路上，法官们实在是走得太远了。这样的理由根本说服不了雇员，大部分有思想的律师恐怕也无法接受这样的观点。但类似这样的理论偏偏就统治了英国法学长达一代人的时间，只要没有立法将其废除，它还将会是学界的权威观点。

我所谈的并不只限于英格兰，而我所要列举的第一个案例对上述问题也没有什么直接反映。这是几年前马萨诸塞州出现的一

个案例，大法官肖[①]将这个案件处理得非常公平，这是他一生中最有价值的判例之一，而“共同雇员原则”就被嵌入到了这个判例当中。在其他地方，“共同雇员原则”后来也被变通适用过（上议院将其原封不动地强加给了苏格兰），但这样的适用再也无法超越肖所达到的那种高度了。恕我愚见，该原则可能是普通法所犯的最大的错误之一。

一开始，我们依靠合同理论，或者仅仅依靠合同理论去处理类似纠纷，结果到了维多利亚时代，律师们查遍了纠纷的所有细节，也没能找到一个真正的合意（agreement），他们试图去编造一个合意，但这也已经于事无补。这是一个令人遗憾的例子，拟制被错误地使用了。但在同一代法官手中，很多拟制也是杰出的、非常公正的，而且获得了完全的成功——拟制依靠一种介质获得权威，而这种介质只不过就是法官的自说自话。这套古怪的规则一旦被建立起来，就会衍生出一种冷血的逻辑力量，这种力量在财税法院（Court of Exchequer）里随处可见，在我们父辈的那个年代，财税法院的法官们学养极高，但极高的学养有时也会带来某些缺陷。直到最近几年，这些缺陷还会在财税法院审理的部分案件中出现，

① 莱谬尔·肖（Lemuel Shaw，1781—1861）：曾任马萨诸塞州最高法院首席大法官。波洛克在这里提到的是肖于 1842 年审理的“法韦尔诉波士顿和伍斯特公司案”（Farwell v. Boston & Worcester R. R.）。在该案中，原告法韦尔因为一位铁路扳道员的疏忽而受重伤，法韦尔和这位扳道员均为被告波士顿 & 伍斯特公司的雇员。肖采纳了“共同雇员原则”，判决原告败诉。理由大致有两点：第一，原告负责人当时亲临现场，没有证据表明他存在监管方面的过失；第二，如果原告承担责任，损害的实际责任人（那位扳道员）就能逃脱惩罚，这会造成很坏的道德效果，鼓励人们在工作中疏忽大意。肖的这个判决被当时的法学界看作是适用“共同雇员原则”的经典。——译者

但原告们依然冒着风险来到这个法院，提起普通法诉讼，我也不知
105 道这究竟是为什么。

演员和舞台布景师的工作是不一样的，谁都会这样认为。弄懂舞台上的那些机械怎么运转，这不是演员的本分；演员无权去干涉舞台机械的操作，而且，如果他试图去观察这种操作，那一定会让他忽视自己本来的职责。可是，如果一位布景师在舞台上方不慎抛下重物击中了演员的脑袋，因为他们两人是同一个经理下属的“共同雇员”(fellow-servant)，处于一个“共同雇佣”(common employment)当中，因此演员就无法获得赔偿。这样一个规则，明显地偏袒一方，而且有悖于人们对正义的一般认识，如果不经过修正，它根本就站不住脚。有人会这样想：某些规则与“共同雇佣”类似，只是涉及范围相对较窄，那人们对这些规则是否能够接受呢——这样的想法也谈不上有多大意义。

比方说，如果雇主在挑选工人时已经尽到了注意义务，所选工人都具有相应资质，那么当其下属的一个雇员因自身疏忽而伤害到了另一个雇员时，雇主对受害者不用承担赔偿责任——只要他在挑选雇员时，都采取了同等的程序，并且在自己能力所及范围内给予了相应注意，他就可以免责。这样的规则事实上相当于是在说：雇员疏忽导致侵权的相关法律(无论它的分支怎样变化，无论它源自于多么高的权威，无论它负有多么大的责任)，它的保护范围都仅限于该企业范围以外的公众，而该企业范围以内的雇员则被排除在了保护范围以外。我相信，美国的判例法对类似规则或多或少地都做了一些改良，但我不知道这些改良是否在什么地方获得了充分的采纳。

总的来说,普通法已经把问题搞僵了,大约三十年以后,补救性的成文法才开始出现。和以前一样,第一波的实验总是头痛医头、脚痛医脚,难免有些笨拙。在程序方面,没有什么比1880年《雇主责任法》(Employers' Liability Act)干得更糟的了,这部法律的确做了一些改良,但具体方法却是规定一系列的免责条款和 106
次免责条款,它还在程序上搞了不少新发明,某些地方规定得极尽精细,这样一来反而把局面弄得更为复杂。但这总比什么都不干要强,而且我认为,这部法律还被很多地方的人们所模仿。

但是这一切都还没有触碰到经济学带来的真正问题。在经济学看来,任何问题都不是单独的一个原因所能造成的,因此每一个问题都需要一个大范围的解决方案。如果"共同雇员原则"没有被发明出来,雇主们只能接受这样的风险,而当这种风险发展到一定程度时,他们还是会想办法去规避它。至于规避的成本,它可能会落到雇主头上;也有可能会落到雇员头上,这会让雇员们的工资相应降低;也有可能会落到消费者们的头上,从歌剧到大西洋上的邮轮,所有的商品都会因此而涨价——这一切就不是纯粹的法律家们所能控制的了。

即便如此,任何案件当中都可能会出现有关雇主"疏忽"(negligence)的证据,这种证据变化多端,很难对付。于是到了1897年,在约瑟夫·张伯伦(Joseph Chamberlain)的倡议下,国会大胆地制定了一条路线图,要将此类问题从诉讼程序当中全部清除出去,其中的第一步就是找出:到底是谁违反了自己的法定义务(in default)。我们的《劳工赔偿法》(Workmen's Compensation Act),不再针对"疏忽"(negligence),而是针对"事故"(accident),它要求

雇主就事故引发的损害对雇员们承担责任[①]。这又走回了我们前面说过的那个老话题——这大概可以称之为“社会主义”。对此，某些人可能会说：“这个问题，以我等浅薄的眼光看来，既不会让事情变得更好，也不会让事情变得更坏”——这些人总是以此为乐。

社会主义——无论有没有这样一个标签，这部法案都堪称是一次勇敢的尝试，它抛开了技术性的条条框框，直接切入了问题的
107 核心。但从诉讼程式的角度来看，它还是不能令人满意。法案使用了一种半白话语言，这与过去的法律十分相似，但其主旨却又与过去的法律大相径庭。以前，人们总在程序问题上吵来吵去，既枯燥乏味也没有确定的结果，在这样一个过程当中，真正的分歧十有八九都会出现在一个时间点上，那就是对事实进行解释的时候。这是一个缺陷，某些人可能会希望利用其他司法系统来避免此类缺陷。这其中还存在着另一些缺陷，对此，我将在后文当中有所解释。

从前面的例子当中我们可以看到，普通法已经经历或正在经历经济学假设在处理工业事务和劳资关系等问题上的三个不同的阶段。在中世纪阶段，每个人都被认为有属于他自己的恰当位置，这个位置终身不变，而法律必须确保人们各归其位。后来，社会福利(social welfare)这一观念不再为官方所接受了，具体是什么时候我也不太清楚。

① 这里的原文直译过来是“让雇主们为雇员投保”(leaves him to insure over)，但在《劳工赔偿法》通过的那个时代(1923 年)，还不存在现代意义上的工伤保险，因此这里的意思是仅仅让雇主们为雇员在这方面提供一种保障，也就是承担赔偿责任(Compensation)。——译者

相比于整个社会的思想演进，官方和司法系统的观念总要滞后一些，即便如此，他们也会应时而动；官员当中有老有少，其观念前进的步伐自然也各不相同：这就像测定手稿的年代，我们会发现，老一辈书吏们在书写时带着旧式的笔迹文风，而新一代书吏们则渴望展现出最新式书写方式的优雅和魅力。从 19 世纪最初几年到 1832 年改革，这期间存在着一个过渡阶段。后来，功利主义引导下的个人主义开始占据统治地位，但这是这个阶段结束之后才发生的事情。因此，在描述这个阶段时，我们的思想不宜跑得过于靠前。这种功利性的个人主义将不受限制的自由竞争看作是社会秩序最主要的调节器，国家不能阻碍人类追逐利益的天性，只能帮助人们消除竞争当中的人为障碍，除此以外，国家就应保持沉默。在大约半个世纪的时间里，这套理论一直占据着统治地位。在它的笼罩下，我们的父辈（我的意思是现在正在变老的这些人的父辈）度过了他们生命中最活跃的年代，儿子们则在这种氛围下渐渐长大。后来，这套理论的影响逐渐消弭：它退化为一种勉强可以接受的理论，一种或然性的理论，一种似是而非的理论，现在的中 108
青年一代一定可以感受到这种变化。国家不再沉默，不再将一切事情都交给个人的能力去决定；国家开始变得活跃，开始对个人提供帮助，开始对有害的外部条件进行抑制，开始对社会当中的各种机会进行平衡调节。在目前这一代人的生活当中，这种干预力量随处可见，在未来，这种力量可能还会加强。

各式各样的理论，它们的优点是什么，缺点是什么，哪些地方做得过分了，这都不是我想要讨论的问题。我们所必须注意的一点是，当这些理论弥漫于整个社会的时候，法律会轻易地接受当下

的流行论调，这期间，人们并没有对这些理论进行严格的检验，也没有将它们转化为纯粹的司法逻辑。我也不知道为什么，和其他人相比，律师总是热衷于吹捧别人，让别人自我感觉良好，以为自己是专家；可正因为如此，人们在自己熟悉的领域之外反而更容易受骗上当。大家应该向对方的专家证人提出反询问[1]，我们的普通法女神或早或晚地都将对这种行为给予奖赏。

面对社会冲突和劳资纠纷(social and industrial conflicts)，我们在某些领域遭受了失败，对此，我们应尽量保持客观，既不低估，也不夸大。但回过头来我们会发现，普通法女神还是将她的那套手法植入到了商业领域当中，这是她的成功之处，对此我们也应有所表示，否则就是对她的不忠。总之，面对当下流行的经济学理论，法官们应该保持高度的审慎——理由有三：第一，法官们可能会对这些理论作出误读，继而又误用；第二，这些理论也许很快就会过气，不再像以前那样受人推崇；第三，一旦这一类的错误被铸成，议会十有八九会利用成文法来进行干涉，而这些成文法十有八九又不能令人满意。



109 我们对自己的专业知识已经非常熟悉了，现在我又将自己的

[1] 作者在这里使用了两个法律术语——“专家证人”(expert witness)和“仅询问”(cross-examining)。专家证人指在诉讼中，帮助法官或陪审团理解某种专业知识的证人，一般都具有特定的专业资质。“仅询问”是普通法诉讼程式当中的一个术语，在庭审中，当事人或律师应首先对本方证人提问——这被称之为“主询问”(examination-in-chief)，然后，再对对方证人提问，这个过程被称为“仅询问”。作者的意思是：具备各种专业知识的大众以及经济学学者不能过度自信，他们应当与律师阶层加强交流，让他们的理论在纯粹的法律科学当中得到消化和吸收，然后再运用于司法实践。上述两个术语用在这里，实际是一种比喻或者反讽。——译者

认识拓展到了所有领域当中，在过去的一个世纪里，知识的范围变得如此之大，知识的更新速度变得如此之快，知识的发展变得如此地富有弹性，这一切到底产生了怎样的影响，我们一直都还在苦苦思索。一开始，普通法只是一套非常简单的规则，经过多年的成长，她已经具备了处理复杂商业关系的能力，她所提出的解决方案逐渐科学化，这套方案被生意人所接受，也被律师所接受；生意人获得了正义，而律师则博得了劳工们的欢心。正因为如此，我们才能够制定出一部完整而精致的公司法；我们才敢于将棘手的社团人格(corporate personality)问题搁置下来，从容地进行学术讨论，而不用去顾忌实践当中可能出现的问题[①]。我们将衡平法上的“告知原则”[②]引入普通法当中，这使我们在面对每一种财产时，都可以按照最高的标准去适用诚实(honesty)和勤勉(diligence)这两项原则[③]。在普通法不断得到完善的过程中，如果出现了错误，那也将是一种建设性的错误(fault on the better side)。

① 1720年，鉴于“南海泡沫”(south sea buddle)事件的恶劣影响，英国政府公布了《伦敦交易所及伦敦保险公司法案》(Royal Exchange and London Assurance Corporation Act)，又称《泡沫法案》(Buddle Act)，该法案基本否认了社团的法人人格。直到1825年，经过一百多年的讨论和完善，类似的法人人格才重新得到立法的有限承认，而其配套性的法规直到19世纪中后期才基本制定完成。作者在这里的意思是：转型之后的普通法，已经可以对公司治理问题进行有效的调控，这为相关的成文立法活动赢得了充足的时间，从而为成文立法质量的提高做出了间接的贡献。——译者

② 告知原则(doctrine of notice)：衡平法上的一项原则，主要用于不动产交易领域，与我国民法当中的善意取得原则类似，其大意是：如果某人明知某地产上存在其他的衡平法权利，还执意购买该地产，即使他已支付相应对价，其普通法上的财产权依然不能对抗该地产上既有的衡平法权利。——译者

③ 勤勉(diligence)：类似于我国法律中所说的“注意义务”，指当事人应对自己或他人的权利保持适当关注，与“疏忽”或“疏于”(negligence)相对应。——译者

我们的女神手里还握有一件威力巨大的武器，那就是善意原则（good faith），无论案件涉及哪一种行业，她都会贯彻这一原则。“禁止反言”（Estoppel）[1]，这件武器灵巧而且射程很远，使用它的人们必须具备良好的技术和判断力——这是武器精度的关键。有了这些武器，我们可以从整体上着眼，让更加适宜的规则得到彰显，为此，我们可以挑战任何法律体系，而且其间毫无风险可言。就这样，司法的质量得到了提高，在疑难问题面前，司法具备了更强的辨识力。或者我们可以这样说：法律的适用变得更为科学，也变得更为优雅了。代理（Agency）和禁止反言，在我们的法学当中，一个人如果同时精通这两个领域，在复杂的商业案件中，我虽不敢保证说他的法律意见就一定能获得法庭的支持，但至少有一点是肯定的，他的意见一定可以获得法庭的尊重。

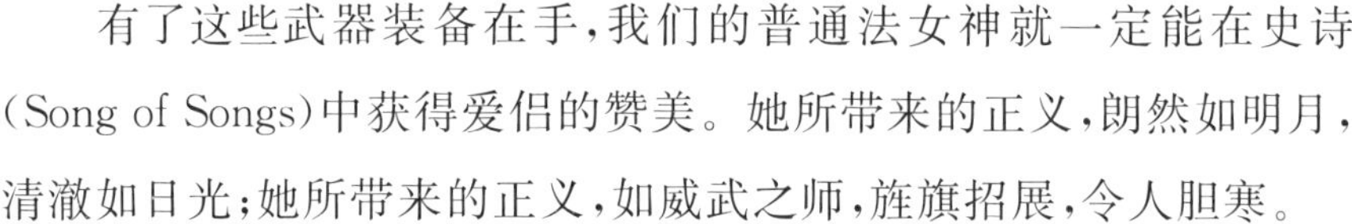

有了这些武器装备在手，我们的普通法女神就一定能在史诗（Song of Songs）中获得爱侣的赞美。她所带来的正义，朗然如明月，清澈如日光；她所带来的正义，如威武之师，旌旗招展，令人胆寒。



---

① 禁止反言（Estoppel）：国内亦译为“禁反言”、“禁否认”或者“否认禁止”，英美法上的一个特殊概念，含义非常广泛，大意是禁止当事人在诉讼中否认某个法律事实——这个事实可以是当事人过去的陈述，可以是已经成文的记录或者契约，可以是当事人曾经做出的某种行为。以上内容，无论是明示、暗示还是推定，只要能够表现出当事人的某种意思，都可能成为禁止否认的对象。作者在这里所说的应该是财产法上的“禁止反言”，这种“禁止反言”经常发生在财产信托当中，比如说：A做出了某种意思表示，B基于对这种意思表示的信任而投入了劳动或金钱，可是后来，A或者A的代理人又否认了当初的意思表示，这时法官可以宣布A或者A的代理人“被禁止否认”（estopped），此时，法律假设A当初的意思表示不变。——译者

# 第八章　永远的追寻

在前面，我们回顾了普通法女神的几次冒险，其中有成功也有失败。我不想对这段历史来一次重新的解读和裁剪，讲这些故事，为的只是唤起我们尘封的记忆。某些人对法律的其他分支及其历史可能更感兴趣，对历史，他们的解读方式可能也与我有所不同：也许没这么有趣，但却更加有益。正因为如此，要在我国法律传统的基础上建立起一个系统性理论，这几乎是一个无法完成的任务。那些四处搜寻系统性理论的法律博古学家们可能要失望了，他们可能还会指责我们，说我们举止轻浮。对这种指责我们淡然处之，我们完全没必要去满足别人的好奇心。普通法的确是一个古物陈列馆，但她又是一种活跃的、富有生命力的法律。我们的目的仅仅是将她展示出来，按照她过去的类别，过去的影响，过去的运行方式，以及她过去曾经遭遇过的危险。而这一切在今天又都融入了她的生命当中。 110

我对博古研究并没有什么成见，我承认，我自己也参与了这件事情。绝大部分的博古研究其实没多少坏处，什么楔形文字的记录，什么爱琴海文明的起源，学者们在这些问题上争来吵去，誓要把对方扫地出门，其实这就是学界内部的一种自娱自乐而已。我们所做的，仅仅是搜集古董。而现代的律师们所面对的则是各种 111

各样的鲜活问题，这是他们的科学，他们的天职；从博古当中抽象出什么信条，牢记于心，然后据此就对律师们品头论足，这绝不是我想要大家做的事情。我不得不承认，这其间的确存在着一定的矛盾，只有一种观点能够克服这种矛盾：如果某人坚持说，他可以划出一条线，现代法律就从这条线开始，而这条线以前的事情大家就不用管了，除非你是法律历史学的教授。

但是这条线压根儿就不存在。你用不着去阅读盎格鲁-撒克逊古法（Anglo-Saxon dooms），也不用去研究利伯曼博士[①]在这方面搞的汇编，但是如果有一天，当你的对手在盎格鲁-撒克逊习俗问题上对你胡说八道，而你对此又一无所知，你会一头雾水，哑口无言，你会感到强烈的挫折感。你也用不着花时间去研究中世纪的法国，但是司法年鉴上可能会出现错误的翻译，如果你能够指出这种错误，就可以为你的当事人挽回权益。

当然，某些人会说，这种情况在工作中太少见了。没错，可是如果哪天，它真的出现了，我们该怎么办呢？早点儿做好准备难道不好吗？可能你会说不好，那么你回答我，你是不是对你的工作毫无热情，只是想在其中混口饭吃；又或者你仅仅是希望过一种体面的生活，不至于跌落到贫困当中；又或者，你希望能够分享世间的奢侈繁华——那些不同档次的奢侈品，从海滨宴会到香槟，从科德角边的小帆船到地中海上的大游艇——你以为那些东西只会吸引

① 菲利克斯·利伯曼（Felix Liebermann，1851—1925），德籍犹太裔历史学家，一般用德语写作，但却以英国中世纪史研究而闻名欧洲，他曾针对盎格鲁-撒克逊古法和盎格鲁-诺曼古法做了大量的整理编辑工作，为后世的研究提供了重要的文献基础。——译者

你而不会吸引别人吗？如果你有野心，那就抓紧时间吧。一些人只是一般的雇工，仅仅能够把工作完成；另一些人则是手艺精湛的艺术家——两者的区别在于：前者只能干一般的工作，而后者在特殊情况面前也能挥洒自如。这样的艺术家可能会为了一个机会蛰伏很长时间，但当机会来临的时候，一般的雇工将不可能是他的对手。 112

有些人是一般规则的奴隶，一旦遇到特殊情况就只能束手待毙；有些人则对规则背后的基本原理了然于胸，于是规则反而成了他们手里的工具。这就是差别，这种差别发展到最高程度，人就会分化为两种，一种是普通人，一种是英雄或者圣人，两者的洞察力和领导能力根本不可同日而语。这种差别也可以用最现代的语言来表述：有些工作是落到你头上的（fall to you）（新英格兰人老爱这么说），你非做不可；有些工作则是具有重要意义的，而且一般来说，这种工作只要干好了，甚至有可能产生世界性的影响。假设大家都是有理想、有抱负的律师。那么你的理想是什么呢？获得名望，让大家都觉得你是一个好律师，成为这个阶层当中的一员，然后在律师公会里获得提升，然后就到此为止？又或者，像我经常期望的那样，率先在一个领域当中找到合法性的标准，领先于整个世界，让法律科学望我之项背，这样的感觉显然更加美妙。无论你的理想是什么，这都不要紧。要紧的是一种态度——当下，问题层出不穷，大量的普通法因此遭到了废弃，当我们面对这些问题的时候，作为一个好律师或者一个好公民，我们究竟应该抱有怎样的一种态度呢？

我们必须明白，所有的现实问题都是鲜活的，要找到解决方案，首先必须对其加以分类整理，而这项工作从来就没有完成过。

可是，如果有一天这项工作完成了，法律又会失去生气，成为官方法律汇编当中的一块化石，最后变得难以适用。无论是什么法律原则，哪怕它具有最高的稳定性，哪怕他在多变的环境中经过了无数次的适用，最终，他还是无法逃脱这样的命运。女神的骑士们迷路了，他们注定要在旷野中苦苦探寻，永无休止；问题总是出现得
113 快，解决得慢，一次冒险还未完成，冒险所得来的成果却又引发了一次新的冒险。

没有前人的争吵辩论，后人也就得不到什么经验教训。回望本次演讲的第一个问题，谁能说针对形式主义的那场战争就已经结束了呢？也许世上真会有那么几个令人神往的地方：那里的诉答程序既成形又有效，那里的规则却是又稀疏又简单——这样的地方，我也不知道在哪里才能找得到。就算找到了这样的地方，又能怎样呢？对整个普通法而言，一两个辖区内的事情说明不了什么问题。形式主义或许已经从诉答程序中被清除了出去，但祸根已经种下，如恶魔般永生不灭——当你在成文法中看到那些吹毛求疵的变态条款，那就是它在对你露齿而笑。

法庭必须得到引导，而议员们必须受到警告。有人认为，辩护人的责任被豁免了，在能为当事人服务的一切问题上，辩护人都毫无责任可言——千万别这么说！至少这里还有辩护存在，不分法庭内还是法庭外，不管当事人的利益是高贵还是龌龊，这样的辩护或多或少地还存在着。

前不久，林肯律师公会（Lincoln's Inn）里的一位老朋友向我谈起了他的老师，那是一位不动产转让（conveyancing）方面的知名专家，师徒二人后来还在律师公会里经常见面。我的那位老友

说：和老师一样有学问的人恐怕也不少，但我和老师在一起工作的时间比较长，在我看来，随便是谁，只要和他老人家在一起工作过，都可以明确地感觉到他的目标所在，那就是：把事情办成（put the business through）——这是句大白话，但这就是法律的精神，就是一位真正的律师的精神，其他的话都不用再说了。每当临事疑惑之时，你就该扪心自问：怎么做才最有可能把事情办成？你的职业道德将因此获得提升，你的当事人也将对你感恩戴德。

和形式主义类似，还有一股力量在不断地威胁着我们。我们
的法律建立在判例的基础之上，因其权威性而受到尊重，这种尊重 114
是必要的，而且是理所应当的。但批判精神依然不可或缺——批判应当是明智的，而且要讲究方式方法，离开了这样的批判，法律将逐渐腐化，最终退化成为一种机械呆板的奴隶制度。这样的腐化在一个封建体制之下可能要少一些，在那里，司法权被分散到了各式各样的法庭当中，这些法庭各自独立、互无统属，但僭权的诱惑却又无处不在；然而英格兰的司法体制却是统一的，带有中央集权的特征，在这种体制下，类似问题所带来的腐化恐怕很难避免。这种腐化在英属印度已经有所反映，我在前文中对此也有所提及。那里的法官从普通法中走来，使用普通法的语言就像使用母语一样熟练，但和印度的律师相比，他们不善变通，如果有朝一日他们能正确理解自己的职权，他们会发现，在权威面前，斟酌与依赖同样重要。只要明白了这一点，稍加努力，我们在运用专业系统知识的过程当中就会感觉到一些窍门的存在：那是权力的一种展现方式，几乎适用于所有的情形，它能够使某一等级的律师感到兴奋，

而且能够让他们在这种兴奋当中获取利益（尽管获益的时间非常短暂）。

在一审法庭上，构成法律的不应该是冷漠而仓促的判决。指导一审审判工作的准绳应当源自于上级审判机关的判例，当然，这里所说的上级机关和判例都必须得到社会的普遍承认和尊重。判例当中的观点一经确认，就必须被当成是指导一审工作的首要原则，同时，各种意见的整合也必须以它为中心来进行。恕我直言，与之相悖的一切意见都应该抛弃。

某些特殊的司法权，它们被限制在了特定的范围内，限制它们的是一些特殊而古怪的规则，这些规则一直受到承认，尽管这种承认显得有些不合时宜——这是一种不幸的意外情况，对此我们最好选择容忍。此外，还有一种更高级的意外情况，它在不断地引诱着我们，比如说，神学家，他们就获得了针对选民（the elect）[1]的审判权。

一些博学的法官，或者说教科书作者，他们试图将所有种类的司法权都整合（或者说，看似是在整合）到一个既存的观念之下，这
115 个过程富有智慧而且极具吸引力。在这一目的的引领之下，一些非常聪明、非常微妙的解决方案逐渐浮出水面。仅就目地而言，他们的做法还是值得赞赏的。其中，一个突出的例子来自于从托马斯·贝文先生[2]的著作，此人非常博学但却不为业界所知。他的

① 这里的“选民”（the elect）是一个神学概念，指被上帝选中，可以进入天堂，且灵魂永远得救的人，在通俗的新教教义中泛指所有的新教教徒。——译者

② 托马斯·贝文（Thomas Beven，1851—1911）：英国法学家、对劳资关系方面的法律问题有专门研究，著有《法律中的“疏忽”：一般关系》（*Negligence In Law：General Relations*）。——译者

作品显得极富学养，但却“把事情搞得更加晦涩，尽管没有它这件事情也是一样的晦涩”①。

我们不妨来一次粗浅的测试。这样一个精巧的，可以将所有判决都包含其中的理论，每当你看到它，你就会发现，它根本不可能被陪审团所理解；然后你就怀疑，认为现实当中的这些判决是错误的。事实上，我们不应该让判决去适配于那些谜语一样的规则、次规则、免责条款以及次免责条款。我们应该去考究，这些判决为什么能够作为法庭的最后救济手段而存在，这种可能性在哪里，哪怕是最小的一点可能性我们都不应放过。比起硬套公式，这样的做法可能要有益得多。如果有朝一日，你得出了一个结论，这个结论既有的原则和规则都配合得天衣无缝，这个结论不会招来特殊程序或其他什么类似的麻烦；这个结论已经被主要的，具有很强说服力和约束力的司法机关所采纳。这时，你会发现，那些精心设计出来的法律要件实际上已经很难被完全适用了。当然了，这是法律的“极精妙处”(apices juris)，那些最博学的学者，他们的分歧就在于此。我们一定可以找到通往这些问题的道路——希望多多少少总是有的，当然，这期间我们还必须注意自己的思维方式和态度。

① 原文(make that darker which was dark enough without.)这句话引自一首讽刺衡平法院法官的打油诗，此诗发表于1852年，在当时的英国法学界流传甚广，律师们私下常有引用，以为笑谈。现摘录部分如下：“Mr leach made a speech, Angry, neat, and wrong; Mr Hart, on the other part, was right, but dull and long; Mr Parker made that dark, which was dark enough without; Mr cook quoted his book, and the Chancellor say, I doubt.”(里奇先生爱演讲，激动、规范，老出错；哈特先生唱反调，正确、蠢笨，话太多；帕克先生爱糊弄，没他糊弄也难懂；库克先生爱引书，大法官说，不能用)。——译者

某些人自以为(suspect)提出了一个更好的法律理论(我之所以说"自以为",是因为约翰逊博士[1]已经敏锐地指出:在法庭将一个理论付诸审判以前,谁都无权宣称自己对这个理论已经有了真正的了解),对这样的夸夸其谈,我们有必要加以反驳。在反驳的
116 过程中,我们不应该和对方在纯粹的法律问题上纠缠不休,这么做非常不合时宜;一个明智的律师会首先找到一些事实问题,相应的理论还没有在这些问题上被适用过,而这样的问题恰恰就应该是我们的着力点所在。

这里还存在着一个针对选民(the elect)[2]的诱惑,那是最致命的诱惑,在很多案件当中,一些合格的甚至是知名的法官也在这种诱惑面前栽了跟头。那是一种习惯:我们时常为了眼下的方便,而在诉讼程式的细节当中添加某些免责条款或者反常条款。这些小小的让步,数量众多,本来是为了方便,但却时常造成更大的不便,因为这些规则到头来是存是废已经没人搞得清楚了。当然,如果原有的规则很糟糕,这也算得上是一种应对之策,反正总比无所作为要强吧。面对这种情况,我们应该详加调查,如果原有的规则在构想和表达方式上显得过于狭隘,我们就应该换一种方式去理解它,一旦它被正确理解,我们就能获得一个理想的结果,免责条款也就没有必要再搞下去了。对当局的所作所为,我们还是尽量从好的方面去理解,这样做总是有益的。

[1] 约翰逊博士(Dr. Johnson):在英国知识界,这个称呼一般专指著名文学家——塞缪尔·约翰逊(Samuel Johnson,1709—1784)。——译者

[2] 作者把普通法比作女神,因此这里说的"选民"指的就是普通法的从业者,也就是律师和法官。——译者

此外，我们还应该有一个目标：每个人在工作中至少都要掌握一两种自己擅长的业务，集腋成裘，共同努力，我们就一定能够在一条正确的道路上推动本国司法向前迈进。

我们的女神会注意到别人身上的时装，也会跟随当下的流行趋势而有所作为。但是某些法官和立法者，他们按照流行样式在女神的衣服上偷偷地乱贴标签，乱打补丁，弄得俗艳不堪，对此，我们的女神绝不会表示谢意。吸收外来因素或许是一件好事，我们在前文中对此也有所提及。但我们不能急急忙忙、原封不动地将外国法律的各种细节都照搬进来，这么做通常会引发混乱，至少也会破坏法律系统的匀称性。当你准备在外来制度或外来思想上大做文章的时候，无论你是要模仿还是要批判，你首先必须保证，你对模仿和批判的对象已经有了完整的理解。毕竟，相对于我们自己的法律而言，外来的法律更容易被我们所误解。 117

英国的权威们在他们的著作中写道：法国法中不存在特殊履行（specific performance）[1]。为了解释这个论点他们找遍了各种理由，但其中没有一条是正确的。真相其实非常简单。中世纪的时候，普通法将已知的、可供出售的商品划分为很多类别，而现代的法国法却将所有商品的销售行为都统一在了买卖合同之下，所有的法律权益都在合同中得到了反映，由此，因财产分类引起的一切变数也就全部消失了。合同一旦成立，买方即成为相应财产的

① 特殊履行（specific performance）：国内亦译为“强制履行”，衡平法上的一种特殊救济方式，常见于涉及房地产、不可替代物或保密信息的合同案件，它强制被告履行合同义务，以此作为对原告的救济。只有当普通法上的救济已经失去意义时，特殊履行才能适用。——译者

所有者；相应地，他也就拥有了所有权人所应得的一切权利和救济，特殊履行也就没有什么存在价值了[①]。

我们的权威们又一次疏忽了，他们对法国人在买卖问题上的基本法律制度一无所知，自然也就无法合理地去看待附属在这一制度上的各种权利。他们只知道把问题一股脑儿地提给法国人，这下轮到法国人犯难了，他们对英国那些古怪的财产法和神秘的不动产法也是一无所知，对我们提出的问题，自然也是难以理解。这里我得给大家提个醒儿。如果你要明确地向外国专家提问，你最好首先向他解释一下，你的关注点大致集中在哪个方向上；在这个方向上，英国律师目前所持的基本观点究竟是怎样的。如果没有这样的解释，人家的回答实很可能是南辕北辙，张冠李戴，但表面上看却是中肯的，等你发现问题所在，一切都太晚了，到那时你才能真正明白，模仿所带来的益处究竟何在。外国法律能否成为我们学习的榜样；相比于我国的法律制度，他们是否更为优越——回答这些问题之前，我们首先必须对外国法律做到真正精通，否则，我们将无法获得一个清晰的视野，一个明确的答案。

这儿有一个样本，可以作为我们的前车之鉴，这个样本出现在

① 在当时的法国合同法中，买卖合同成立导致不动产所有权发生转移（未经公示，新的所有权不能对抗第三人，但在合同双方之间有效）；而在普通法中，还存在着一个“转移所有权”（convey title）程序，这个程序完成之后，新的不动产所有权才算真正建立。在英国，一份不动产买卖合同签订之后，如果卖方反悔，拒不向买方转移所有权，则买方可以向法庭主张“特殊履行”，将相应地产的所有权强行转移到买方名下（这是“特殊履行”最常见的一种情况）。而在法国，合同一经签订，买方当即获得所有权（但暂时不能对抗第三人），“特殊履行”也就失去了存在的必要。——译者

那部通常被称为《坎贝尔法》的法案当中，官方使用了它的简称——“死亡事故法”[①]，尽管这个简称并不十分准确。这部法律 118
不算太坏，它没有被卷入到那些矛盾激烈的社会问题和经济问题当中去；这部法律方便好用，在其他司法系统当中也广受模仿。普通法在其幼年，对遗嘱执行人(executor)制度还是一无所知，甚至对遗嘱(will)本身也是所知甚少。遗嘱执行人制度来自于纯粹的古日耳曼传统，但以动产为标的的遗嘱(testament)及其执行人却是通过教会司法引入英格兰的，当遗嘱执行人为了立遗嘱人的财产权益而向国王法庭提起诉讼时，他的权利被拆分为很多细碎的小块，每一个小块都有相应的条款提供保护。最倒霉的事情就此发生了，某人找来了一句据说是来自于罗马的谚语：“人死，则其行为亦归于消亡”(personal actions die with the person)——其实没什么权威证据可以证明这句话的真实性。

屋漏偏逢连阴雨，紧接着又出现了这样一种理论：一个自由人的生命不应通过金钱去评价——这用在道德上当然没问题；但用在法律上，恕我直言，可能就没那么合适了。但正统的罗马权威这时却出现了，对这样一个徒有其表的权威理论大加赞赏。结果，普通法被迫接受了这样一个规则：人的死亡无法导致民事诉因的产

① 死亡事故法(Fatal Accidents Act)：国内亦译为“致命事故法”，英国国会1846年立法。由于其主要推动者是坎贝尔勋爵(Lord Campbell)，因此也被称为“坎贝尔法”(Lord Campbell's law)。在普通法上，因过失或疏忽造成他人死亡的，死者家属不享有赔偿请求权。死亡事故法用一种近乎于拟制的方式突破了这一传统，它规定：假设死者没有死，只是受伤了，这时，如果他在普通法上有权向加害者要求赔偿，那么这样赔偿请求权就可以直接转移到死者家属的手中。这种请求权的范围仅限于直接和预期的经济损失，而不包括精神损失。——译者

生——这种规定真是愚蠢至极，但它居然就被一个文明国家的法庭所长期采纳；我们从这种法律上学到了什么呢？除开某些法定例外，除开刑事责任不谈，如果我们的危险行为伤及他人，与其让对方受伤或致残，还不如干脆将对方杀掉，这样我们就能逃避民事法律责任了[*]。

一个明智的立法者一定会彻底废除这个杜撰出来的法谚，还
119 法律以清白。作为替代品，有人建议国会借用苏格兰的一项法律制度，这套制度带来了一种反常的诉权：假设死者还没死，如果他有权自己提起诉讼，那么相应的诉权就转移给了死者的法定代理人——只有过去在生活上依赖死者供养的这部分人才能获得相应诉权。但是在另一些案例中，荒谬的老规则总体上还是未受动摇；上诉法院（Court of Appeal）顽固透顶，死抱着这些规则不放；理智而宽和的法律在这里没有市场。

从普通法的理论研究当中我们还可以找到另一个例子。在19世纪，很多善于思考的人们猜测：罗马法上的“占有”（Possession）学说可能比我们法律当中的相应理论要更完备、更科学——这种论调在当时颇为流行。之所以会出现这种情况，我以为，是因为人们对我国法律当中的权威学说还缺乏了解：侵入（trespass）、强占（disseisin）、动产侵占（trover）等——在这些救济方式上，人们下得功夫不够，还未能得其要义。



我国的法学家在“占有”问题上其实付出了大量的劳动；我在亲手操作的过程中发现了这些劳动成果，我的朋友怀特法官（近一

[*] 以危险行为使他人受伤或致残，这种情况在现代法律当中并不一定导致侵权责任的发生，其间存在着几种免责条款和正当抗辩理由，这些规定在古代都不存在，这些规定与我们现在所说的这个话题无关。——作者

些的那位)①对刑法相关问题有专门研究,他给了我很多极具价值的帮助。我发现,普通法当中的"占有"规则很不集中,它们分散于各式各样的司法判决当中,有的是民事判决,有的还是刑事判决;它们从无数的事实问题和操作手法当中缓缓地呈现出来,而我们可以用一些宽泛的原则将它们总结起来。那些精巧的罗马法公式,它们是现代注释者从古代罗马法学家的言论当中抽象出来的,相比于这样的公式,我们自己总结出来的原则显得更加雅致,也更适应于生活中的实际情况。

在这次演讲当中,我一直刻意地回避技术问题,现在为了普通 120
法女神的荣誉,我还是得对这些原则做一番具体介绍,当然,是以最简短的方式。首先,事实占有(possession in fact)是一种实际存在的排他性控制,这种控制是事物性质的一部分,无论它是好是坏,我们都承认它的存在。

第二,法律上的占有(possession in law)②,这是一种权利,它受到占有性救济(possessory remedies)③的保护,一般来说,它因事实占有的存在而存在,但当占有在事实上已经停止时,法律上的占有并不必然停止。这里存在着一些例外,其中最主要的例外是:仆人负责照管主人财产的行为不属于法律上的占有。这反映出一

① 怀特法官(Mr. Justice Wright):这里指的应是罗伯特·塞缪尔·怀特(Robert Samuel Wright),波洛克与其合著有《简论普通法上的占有》(*An essay on possession in the common law*)。——译者

② 法律上的占有(possession in law 或 legal possession)即推定占有(constructive possession),与事实占有(possession in fact)相对应。——译者

③ 占有性救济(possessory remedies):这里指为保护"占有"而设置的救济。——译者

个问题，那就是：无论这些例外来自于哪里，它们都与常识相符——一个仆人，一旦他被指派照管相应财产，只要指派者不是这位仆人本人，那么这位仆人就有义务依照主人的意志对相应财产实施实际控制；但在这个过程中，仆人所履行的并不是自己的权利，他并不以权利所有者的面貌出现，而且按照人们通常的判断和理解，我们也无法假设：仆人曾经对相应权利提出过要求。

第三，一旦法律作出明确指示，法律上的占有就会通过某种形式被确定下来，它由此开始进入到一种不间断的存在状态当中，这种状态已经超越了事实当中的占有意图（intent to possess）——占有意图可能消失，也有可能间断，但这并不影响法律占有状态的持续存在。

第四，法律上的占有还是产权（title）的开端，换句话说，就像所有权人（owner）一样，占有者有权处理该项财产，他的处理行为可以对抗他人，除非他人拥有一项更有效的产权（better title）。这种保护的范围还会扩大，通过善意取得获得产权的人们也处于相应法律的保护之下。



第五，有时，特定的占有在事实上极富争议，没人能对相应财产实施实际有效的控制，这时，法律上的占有（possession in law）以位阶更高的产权为准。

诚然，实际情况是复杂的，而且不以人的意志为转移，上述的每一条原则如果要运用实践，都必须小心从事，为此，我们甚至还得玩弄一些狡猾的把戏。但即便如此，我也可以放心地说：这些原
121 则本身都是公正而理性的。让法律上的占有尽可能与表面上的支配状态相符合，这是我们的出发点；而罗马法学正好相反，它不愿

意将法律上的占有从所有权(ownership)或者我们所谓的“一般财产权”(general property)当中分离出来。相对而言,我以为,我们的做法更为优越也更为简便。

幸运的是,我们的法庭还没有被那些来自于欧洲大陆的学说所迷惑,这些学说,有的已被人们所理解,有的人们则还只是一知半解,但它们都在引诱我们,让我们背离自己的发展道路。我们拒绝接受罗马法的引诱,至于这种拒绝在多大程度上是蓄意为之,这并不重要;我们对那些冗长而充满争议的文献一无所知,至于我们究竟无知到了什么程度,这也不重要。这些文献,据我所知,还没能在现代罗马法中创造出哪怕是一项受到公认的理论。

罗马法,它带给我们很多巧妙的建议;作为一个平行的理论体系,它的存在对我们是有益的;它带给我们一个可资对比的参照系,这一点对我们更为有益。有人认为,我们明明有时间去认识它,但却对它视而不见——这并不是问题的关键。问题的关键在于:仅就“占有”(seisin)这个问题而言,我们的本土理论并不比德国的相应理论逊色。



现在,我们谈下一个问题,早些时候,在你的第一印象当中,这个问题一定会令你非常失望。你也许会认为,我们所学到的一切应该都是正确的。是啊,律师总是希望为自己的技艺增光添彩,对此,我们愿意相信;律师们的课程一定是富有智慧的,对此,我们也愿意相信。但实际情况是复杂的,当我们面对这些情况的时候,是否有什么东西会告诫我们,让我们以正确的方式去行事?答案其实非常简单:没有。对此,回避无济于事,既不明智也不诚实。在所有的科学和技艺当中，类似的问题也一样存在，而答案也是：没有。自己的事情自己做，没人替代得了；只靠听课和阅读学不到什么有价值的东西，世上没有这么便宜的事情。要想成为工匠，当学徒是唯一的道路，而在这个过程中，谁都会犯错误。前辈们至少可
122 以给你一点帮助，让你在一开始走上一条正确的道路，让你避开某些反常和不必要的错误。只靠地图，你永远也别想爬上山顶，但一个审慎的攀登者还是会尽量找到一份最好的地图，细加琢磨。我们的地图算不上完美，但也基本够用了。

我们跟随普通法女神经历了成功失败、世事沧桑，我们不是她的奴隶，而她对我们如同对待她的家人一样，现在，我们对她究竟应该抱有怎样的情感呢？去贬低她的成就？我们应该这么做吗？就因为她作品当中的某些材料粗糙了一些，固执了一些？就因为她的仆人们没有从这堆垃圾中提取到全部的纯金？



曾经有一位伟大的英国作家，他体验了学习法律的整个过程，而且貌似已经有能力去执业了。这位作家名叫萨克雷(Thackeray)[①]，他对自己年轻时在圣殿(Temple)[②]的生活做了一番精彩的描述：一

---

① 威廉·梅克比斯·萨克雷(William Makepeace Thackeray，1811—1863)：英国著名文学家，维多利亚时期讽刺文学的代表人物，他的代表作《名利场》(*Vanity Fair*，又译为《浮华世界》)广为中国读者所熟知。萨克雷年轻时曾入中殿公会学习法律，但未能结业。波洛克在这里所说的，是他于1849年出版的小说《潘丹尼斯的历史》(*History of Pendennis*)，有时也简称《潘丹尼斯》(*Pendennis*)。后文中所说的潘丹尼斯、沃灵顿(Warrington)和佩里先生(Mr. Paley)都是小说中的人物。——译者

② 圣殿(Temple)：地名，原本是圣殿骑士团(Knight Templar)在伦敦的驻地，该骑士团覆灭后，两家出庭律师公会(Inn of Court)迁入该地办公，两家公会因此得名"中殿公会"(Middle Temple)与"内殿公会"(Inner Temple)，这里具体所指的应当是"中殿公会"。——译者

位律师公会的学生——潘丹尼斯(Pendennis),他被自己的专业完全吸引住了,他的朋友沃灵顿(Warrington)也是如此。可是有些东西分散了他们的注意力,那就是他们所说的佩里先生(Mr Paley),一位勤奋而且全神贯注的律师——这是一个典型人物,我们在生活中多多少少都能看到他鲜活的影子:"佩里先生为人办事真是与众不同!他丝毫不会让自己置身事外:他拼命地工作,展现出非凡的才智,他在这一行业当中努力钻研,尽管这一行业本身是如此的浅陋"。*

我以为,萨克雷不配说这样的话。在这一行业当中,佩里先生处理问题的方式可能是浅陋的,但这并不意味着这一行业本身就是浅陋的,人们无权去下这种论断。就算是这么说,我还是觉得佩里先生遭到了诽谤。一个认真对待自己专业的人,很可能会心无旁骛,将所有注意力全部集中到专业上去——这并不是说他放弃了自己的其他兴趣(这些兴趣最终很可能对一个人的专业素质造成更坏的影响),他只是暂时将这些兴趣约束起来,搁置起来而已。佩里先生也许还会为了其他目的而无私地工作;他肯定有母亲或者姐妹需要他来扶养;闲暇时,他一定还有自己的消遣和爱好——对这一切,潘丹尼斯和沃灵顿又何从知晓呢?

林肯公会曾有一位饱学之士,从表面上,他与佩里先生似乎相差无几,但此人居然在五十年前随"阿尔卑斯俱乐部"①登上过伯尔尼高地②,在该俱乐部那段永攀高峰的英雄岁月里,这次冒险堪

* 《潘丹尼斯》,第 29 章。——作者

① 阿尔卑斯俱乐部(Alpine Club)是一个国际性的登山运动组织,1858 年成立。——译者

② 伯尔尼高地(Bernese Oberland):位于瑞士伯尔尼州的一片高寒山地,地形崎岖,是早期登山冒险运动的发祥地之一。——译者

称是最勇敢的一次行动。此君有一个缺点:他在一些别人都不重视的问题上表现得过于积极,为此他还饱受批评。

就让萨克雷的那点小毛病过去吧,此人生性善良,不至于会去故意害人,只不过写作的时候有欠考虑,一滑而过罢了——我其实很乐意这样认为。

麦考利在悼念弗恩的时候,将弗恩一生所做的贡献总结为:"有关不确定剩余地产权的粗俗谜语"[①],相比于我们对萨克雷的评价,麦考利对弗恩的这个评价可能还要公道一些。同样地,《用益法》[②]

① 不确定剩余地产权(contingent remainders):普通法在不动产转让问题上存在"先期地产权"(particular estate)和"剩余地产权"(remainders)这样一对范畴。地产权人可以先将地产转移给某人占有(possession)一段时间(这段时间可以是终身,可以附固定期限,也可以附条件),这段时间结束后,该地产权(estate)又自动转移给另一人所有。这时,前一个人所获得的就是"先期地产权"(particular estate),后一个人所获得的就是"剩余地产权"(remainders)。先期地产权终止时,剩余地产权才可能出现,但有时,人们无法确定导致先期地产权终止的事由文中是否出现,这时,剩余地产权是否确立就存在争议,这种存在争议的剩余地产权就是"不确定剩余地产权",与之相反,不存在类似争议的地产权就是"确定剩余地产权"(vested remainders)。

文中所说的弗恩(Charles Fearne,1742—1794)是"不确定剩余地产权"研究方面的权威专家,著有《简论不确定剩余地产权和将来生效不动产遗赠》(*Essay on the Learning of Contingent Remainders and Executory Devices*)。文中所说的麦考利就是第六章当中提到的托马斯·麦考利。——译者

② 用益法(statute of uses):用益(uses)是一种历史悠久的法律现象,是现代信托(trust)制度的鼻祖。在封建时代,地产依其性质附属有不同义务,且绝大多数的地产不能通过遗嘱而随便转让。为了逃避类似的封建义务,到13世纪,人们发明了这样一种做法,A将自己的地产转移给B占有,但相应地产的收益却归C所有。在这种关系当中,C拥有的就是相应地产的"用益"(uses),B则是相应地产的"用益受封人"(Feoffee)。普通法最初不保护用益,直到1535年,亨利八世主导通过的《用益法》将用益纳入了普通法的轨道,它将用益受封人的地位虚化,从而使用益转化为一种近似于所有权的权利。当时,经过上百年的发展,用益在实践当中已经变得非常复杂。《用益法》过于笼统,难以准确适用,司法实践当中因此出现了波洛克所说的"迷惑与混乱"( puzzles and perplexities)。与波洛克同时期的英国法学家霍尔兹沃思(William Holdsworth)著有《对地产法的历史解读》(*An historical introduction to the land law*),其第二章对相关问题有详尽描述。——译者

引发了的一系列迷惑和混乱，而我以为，人们不能把这一切都算到普通法女神的头上。女神有时也会犯错误，也会遭遇挫折，但她始终是一个坚强的女人，有人这样说过。

你必须拿出是自己最好的作品，普通法女神才可能会感到满意——她不会敷衍塞责，那是对她自身信念的背离。有人说她变幻莫测，是的，她不会帮助她的仆人去追名逐利，有人可能会交好运，但这绝不是她所许诺过的奖励；有人说她武断专横，是的，我们 124
必须去学习她的语言方式，但当我们学有所成，能够自由言说之时，我们会发现，坦诚的对话和不受限制的批评正是法律的生命；有人说她的语言原始粗俗，是的，但即使是罗马法当中写得最漂亮的拉丁文也无法回复那种古典的完美状态。如果你去深入研究我国的中世纪文献，那些法语和拉丁语的文献，你会发现，比及于君士坦丁的法典和注释来说，我们的语言更加鲜活，更有富有人性。

尽管诗人不是律师，尽管下面的这首诗歌并不是为普通法女神所作，但我还是要用它来赞美我们的女神，它太贴切了：

> 我们对圣母的爱是无形的，我们无法触碰到她的手指，她的双眼，她的嘴唇，她金子般的秀发，她的脸庞，她的一切；但我们依然爱她，我们知道，她的公正胜于世间的一切。

这首诗赞颂自由(Liberty)，它由阿尔杰农·查理·斯文伯恩[1]所

---

[1] 阿尔杰农·查理·斯文伯恩(Algernon Charles Swinburne，1837—1909)：英国剧作家、诗人，文学评论家。——译者

作，在这首诗写作的那个年代里，黑暗势力在欧洲大陆上依然横行。中世纪的时候，人们经常为了表达自己的思想而引用别人的诗歌，无论自己的意思与诗歌的原意是否符合，就这一点而言，我们女神的习惯做法绝对是中世纪式的。

而普通法本身也的确蕴含着某种美德，相比于技术上的聪明才智而言，我们的女神更愿意与这样的美德同行——自由（Freedom），那是女神的姐妹，女神最伟大的那些成就，正是在她的引领之下才得以完成。女神用这一美德来鼓舞她的仆人们：在国王面前，让他们敢于直言；在暴政侵犯人民权利（license）之时，让他们敢于挺身而出；平等的公共正义（equal public justice）与有序的权利（ordered right）——普通法女神的理想被她的仆人们推广到了
125 世间的每一个角落。我们崇拜我们的女神，理想之火让我们的崇敬之情变得真切，变得富有智慧。

自由——这就是我们为女神所做的一切，这就是我们对她的唯一报答。当我们明白这一切的时候，当我们面对身体的医治者与灵魂的拯救者之时，我们知道，他们的职业也是同样的伟大，但我们不用去和他们建立什么等而下之的伙伴关系，因为超越一切的博爱才是世间最高的德性。我们宣誓效忠我们的普通法女神，我们背负着正义，并且终身追寻正义之所在——对一个自由人来说，这样的事业无比艰苦，这样的事业也无比高贵。

# 索 引

（索引所涉页码为原书页码，即本书边码）

① 可能是印刷错误,该页码原著中并未标出,而是由译者对照原著后添加。——译者

C. 阿莱克斯·纳尔逊(C. Alex Nelson)编

图书在版编目(CIP)数据

普通法的精神/(英)波洛克著;杜苏译.—北京:商务印书馆,2017
(汉译世界学术名著丛书:120 年纪念版:珍藏本)
ISBN 978-7-100-14549-7

Ⅰ. ①普… Ⅱ. ①波… ②杜… Ⅲ. ①法理学 Ⅳ. ①D90

中国版本图书馆 CIP 数据核字(2017)第 152438 号



汉译世界学术名著丛书
(120 年纪念版·珍藏本)
普通法的精神
〔英〕波洛克 著
杜 苏 译

商 务 印 书 馆 出 版
(北京王府井大街36号 邮政编码100710)
商 务 印 书 馆 发 行
北京新华印刷有限公司印刷
ISBN 978-7-100-14549-7

2017 年 12 月第 1 版 开本 710×1000 1/16
2017 年 12 月北京第 1 次印刷 印张 12½
定价:65.00 元